机制的力量

律师事务所管理模式与实践

杨强◎著

中国法制出版社
CHINA LEGAL PUBLISHING HOUSE

题记

君子敬而无失，与人恭而有礼。四海之内皆兄弟也。

——孔子《论语·颜渊》

“万物得其本者生，百事得其道者成。”……我们要秉持共商共建共享原则，倡导多边主义，大家的事大家商量着办，推动各方各施所长、各尽所能，通过双边合作、三方合作、多边合作等各种形式，把大家的优势和潜能充分发挥出来，聚沙成塔、积水成渊。

——2019年4月26日，习近平在第二届“一带一路”国际合作高峰论坛开幕式上的主旨演讲

律所管理的科学和艺术

兰台律师事务所管委会主任杨强的新书《机制的力量：律师事务所管理模式与实践》即将出版，嘱我作序，盛情难却。

律所内部采用什么样的机制进行管理，是每个律所都面对的重要课题。不同律所的管理机制不尽相同，但无论采用何种类型和模式，律所本身存在的目的和发展的目标，更多地要从满足市场和客户需求、推动社会发展和法治进步中去寻找。在当下的法律服务市场中，要满足客户不同场景下复合和持续变动的需求，律所需要更加充分地整合对市场、技术和组织变革的管理，需要识别在特定的市场和环境下法律服务所面临的机会和约束，也需要依靠管理者卓有成效的管理和员工主动性的发挥，实现源源不断的创新，以提升律所的竞争力和效率。

我国律师制度重建40多年来，取得了长足的发展进步，并对全球法律服务业产生了重大影响。当前，律师行业立足新发展阶段、贯彻新发展理念、构建新发展格局、实现高质量发展，需要深度的思考者，需要理论的力量。很高兴看到杨强主任在律所管理机制方面的深入思考与探索。他的这本《机制的力量：律师事务所管理模式与实践》，将律所管理放在中国律师制度40多年发展的纵深时间跨度中，并横向对行业中各种不同的管理机制进行了综述和评析，具有很高的参考价值。

在本书中，作者以20年的律所管理经验和实践探索为基础，从管理科学和逻辑上提出了一种具有实践理性的机制模型：协作、分工项下的作业资源共享的一体化模式。更为难能可贵的是，本书没有囿于一所之闻、一所之见，使本书兼具创新的实践体验及务实的管理总结。

律所管理是科学，也是艺术。每位律师都具备发现和解决复杂问题的能力，而律所管理的目标就是将具有不同技能和判断力的律师人才聚合在一起，组成高绩效的团队，高度发挥组织成员的特点，通过密切合作进行更具创造性的活动，从而取得不同凡响的成绩。高绩效的团队或律所的成功，源于团队建设上的精心选择和持续投入、每个人的角色和任务的合理分配、精细化的程序管理以及其他方面。这些特点，使得律所的管理需要切实剔除无益的结构、交流的障碍以及其他不利于合作的因素。这一切，都需要“恰到好处”的艺术。

希望本书的出版能够对推动和促进律所管理机制理论研究和实践探索有所贡献，让更多的人从中受到启迪与激励，共同寻找推动行业发展、成就律师、服务社会之道。

中华全国律师协会原会长

金杜律师事务所全球主席

王俊峰

2022年3月30日

做难而正确的事

探索律所管理之道，是真正的“做难而正确的事”。律所的主体是人，律所管理之道的核心还是人。如何构建真正体现人的价值、彰显律师专业价值的制度，实现律所整体利益与律师个人自我价值的有机统一，是律所管理之道的题中应有之义。《中庸》告诉我们：“凡事预则立，不预则废。言前定则不跲，事前定则不困，行前定则不疚，道前定则不穷。”制度体系就是为“预”而立，体制机制就是讲话之前、做事之前的“定”。每一家律所受制于不同要素、不同的时空位置，管理之道差异很大，律所的制度体系、体制机制尚缺乏统一的结构模板，也很难有一个标准化的评判依据。但是，人及人的全面发展这一核心问题是不会变的，也由此构成了律所管理制度的一些基本遵循。

第一，需要尊重个体，这是制度设计的逻辑起点。做一家受人尊重的律所，是律所管理者苦苦追求的目标。尊重是一个有底线、红线却没有高线的道德形态，是个体之间的一种情感关系。人在律所管理中是一个主客体相统一的状态，这就决定了律所管理必须围绕人的需要展开。对于一家律所来讲，其品牌、声誉、口碑，实际上是律师同行、律所同事、业务客户的共同情感记忆，而尊重则是构筑共同情感记忆的基石。在律所内部，鼓励大合唱式的集体奋斗而不是单打独斗，倡导“以同事为第一客户”而不是视同事为对手甚至敌手，秉持以律所整体利益为利益、以律所整体信誉为信誉的价值观，对每一个新进人员做到“三问”，对每一个离开人员做到“三留”，这看似集体本位的制度设计，实则在差序之中构建了新的平衡与对等，蕴含着对律所中每一个个体的尊重。这种尊重既能增强个体对律所的黏性、提升组织凝聚力，也能为个体带来归属感、安全感，更会带来利益的长期化、最优化。

第二，需要正面思考，这是制度设计的发展旨趣。每一项制度的设计都有一个逻辑坐标，这是由律所组织及其管理者的价值取向决定的。任何事情都有正反面，再糟糕的事情总有它积极和有价值的方面。正所谓物极必反、否极泰来。发展是律所的永恒主题，而顺风顺水并不是律所发展的常态，这决定了律所管理是个问题多发、矛盾尖锐、风险集中的工作，任何单向度的、消极的思考都不利于律所发展。律所制度设计中的正面思考，既要有利于激发每一个个体的积极心态与向上力量，也要有利于及时发现问题、化解矛盾、避免风险，尤其要避免出现颠覆性错误的风险，还要有利于面临巨大挑战时个体之间的抱团取暖、同舟共济。从律所日常管理看，工作日志及其数字化分析、具有前瞻力的定期培训、经常化的工作总结与形势分析、内部成员之间无障碍的意见交流与探讨，都有助于多维度创新律所的管理实践、提升律所整体形象、促进律所良性发展。

第三，需要择善固执，这是制度设计的认知体验。制度是实践的总结，实践是制度的沃土。有效的制度既要务实、可操作，也要具备包容性、开放性。前者是将制度的力量转化为生产力、转化为律所发展的现实力量和业务优势。后者是将制度放到一个宽格局、长时空中，对不同的主张和批评意见兼收并蓄，不断发展和完善制度，更好地发挥制度的持久效用，始终保持制度的生命力。律师业在本质上属于服务业，律所管理需要应时应势而变，择其善者而从之，择其不善者而改之，最大限度地减少不确定性，在变中找准律所长远发展的确定性。实际上，坚守一个制度，就如同一场修行。这需要制度下的每一个个体反诸求己、克己达人，秉持无妄之诚，恪守慎独之德，遵循中道之行，以最大善意为出发点，把“当然”视为“应当”，以“君子而时中”的理想状态从事律师这个终身职业，最大限度地享受职业和制度带给我们的红利。

改进知识、增进理解，这是阅读的原始理由，因为每一本书都是“我写下对我而言正确的内容”。“名非天造，必从其实”。一体化管理思路与一系列的管理制度，是兰台所20年思考与探索的表达，是每一个兰台人对律所组织管理的躬身实践，是兰台品牌立于同行、同事和客户心中的共同情感记忆。这种思考与实践是一个无边界的动态过程，是没有止境的，不断因时制宜、不断逼近客观存在，获得相对正确的认知，不断强化和加深这种共同记忆。毫无疑问，这一过程对于整个律师行业的发展是大有裨益的。对我而言，这是坚持“做难而正确的事”所获得的“正确的内容”。

是为序。

中华全国律师协会原秘书长

韩秀桃

壬寅年春风日

分工协作下的智力资源整合机制

律师行业是一个高智力人才密集的行业，也是一个非常个人化或者说“个人英雄主义”的行业，同时也是一个非常难以管理的行业。大家面前的这本书，是兰台律师事务所20年不断探索的实践总结，书中深深地打下了兰台律师事务所创始合伙人杨强、杨光、姚晓敏律师的个人印记，记载了兰台合伙人的性格及价值观。杨光律师是我过去的部下，记得当年杨光来中国国际期货有限公司报到时，给我留下了非常深刻的印象，这是一位有抱负、有理想的青年才俊。随后我们一起工作，一起解决公司发展中的许多难题。由于他非常有才干，我支持他和几位朋友创办了一家律师事务作，并且给予鼎力支持。2002年，他与几位合伙人创办了自己的兰台律师事务所，通过艰苦创业，由小到大、由弱变强，成为如今京城的一家著名律师事务所。今日欣然接受杨光之托为本书作序。

这本书作为中国律师行业一本独具特色的专业著作，是将兰台律师事务所管理文化发扬光大的丰硕成果。在我与杨光律师及其他律师长期共事的过程中，令我印象最深刻的，是他们提出的兼具原则性与创新性的商业解决方案。从书中我们也可以读到兰台合伙人们有志向、有原则的价值追求。任何商业实体的管理模式的打造，都是在不懈的追求中实现的，兰台律师事务所独创的一体化管理机制，是一种独具特色的中国式律所管理体制，是一种彻底把事情想明白、并用了20年时间探索的体制。从书中丰富的理论思考与实践总结看，这种新体制已经建立起来并且运行良好，这是一件可喜可贺的事情，值得其他律所参考学习。

智力服务行业，尤其是在大多数项目可以独立完成并获得收入和市场认可的律师行业，如何以客户需求为导向、以律师发展为本，在分工协作的同时整合并集约化地使用专业资源是一件非常难的事情，不借助于共同价值观下对共同利益诉求的机制设计是不可能实现的。将难的事情做好、做成，就是本书描述的带有趋势性的一种律师管理模式。

本书来自一群探索者的实践，通篇充满思考，实话实说，极具可读性，一以贯之的逻辑处处可见，在“知识快餐”“知识碎片化”的今天，难得看到一本来自实践、既可以运用于律师行业又适用于其他许多行业的知识性、思想性、实用性著作。相信会有更多的同行和有志于提升企业管理水平的专业人士，能够从这本书中获益。

亚布力中国企业家论坛创始人、主席

元明资本创始合伙人

迈胜医疗集团董事长

田源

2022年3月29日

专家推荐

本书以对读者友好的文字，对兰台律师事务所的一体化管理经验进行了全面梳理和总结，浓缩了兰台人面对时代挑战所进行的思考。本书有鲜明的中国文化特质，有可触摸的时代印记，有如影随形的体验质感。如果你是中国律师，你既能在本书中体味到独特的兰台气质，也会看到自己的影子。我可以负责任地说，这里讲述的良好治理，可以是——甚至应当是——许多律师事务所的明天。

——中国政法大学教授

王进喜

这本书翔实地记录了兰台法律人20年来创办兰台、精心抚育兰台，让兰台稳健成长的心路历程。律所这类专业机构初创时主要靠人和，发展壮大后则要让切合实际和相对完善的管理制度成为“定海神针”，从而稳步发展为能够一以贯之、让客户信任的专业法律服务机构（Trusted Advisor）。本书真诚地展示了兰台人为实现这一理想而进行的持续不断的探索与思考。作为以服务机构客户为主的法律服务平台，全体兰台人经过20年持续不断的尝试与试错，逐渐摸索出了一条基本符合当前中国法律服务市场的、具有中国特色的律所发展之路。

本书坦诚地与大家分享了兰台律师事务所在20年的成长过程中遇到的各种烦恼和困扰，希望这些点滴的经验分享能够为中国众多律所的发展提供宝贵的经验借鉴和参考。同时，也非常期待兰台人在践行“公司制一体化”的发展道路上行稳致远，业务蒸蒸日上！

——欧华律师事务所大中华区能源和基础设施部门负责人、全球董事会前任成员

董铁英

中国律师行业过去几年的发展有目共睹，在国际上的影响力也越来越大。中国律师行业的壮大离不开律所管理体制的探索和提升。本书对过去几年中国律师行业在管理体制方面的探索进行了非常全面的总结，对各种管理体制的架构和利弊进行了到位的点评。当今绝大多数领先的国际律师事务所，包括我本人所在的英国高伟绅律师事务所，都有很长的历史，但它们都没有停止对律师管理体制的改革。特别是最近几年，一些国际律师事务所因为体制的优势，业务有了飞跃性的发展，而一些老牌国际律师事务所改变了他们延续多年的管理体制，以应对人才的竞争和客户需求的挑战。“只有最适合的才是最合适的”，在律师管理体制方面也是如此。本书就中国特色的律所管理体制进行了有益的分析，无论是刚入行的律师，还是资深的律所合伙人，都可以从中找到自己想要寻找的东西，值得推荐！

——高伟绅律师事务所中国区联席管理合伙人

王彦峰

本书真实地记载了兰台律师事务所20年来对律师事务所管理的思考、探索和实践，代表了中国律师行业中以人为本、发展专业、守护客户的持之以恒的价值坚守和在市场变化下能够迅速变应的昂扬奋进，值得每一位律师借鉴。

——西盟斯律师事务所合伙人

蔡咏梅

律所领导者学习管理，往往会把“赢”挂在嘴边。但《孙子兵法》云，“先为不可胜，以待敌之可胜”。何谓不可胜？目标明确、价值清晰、组织健康、上下一心。如何不可胜？学习律所组织的发展规律，再将其运用到实践中去，从学习到实践，再从实践到学习。很惊喜看到律师行业有这样一本富含管理思想的著作，期待更多的律所领袖一起参与律所管理这个“无限的游戏”。

——智合创始人、董事长、首席执行官

洪祖运

前　言

律师制度恢复40多年以来，就作为服务业运营这个维度，与其他行业一样，律师之间主要是一种“有限游戏”。有限游戏的规则是：在律所外部，在市场上，一家胜出，一家失败；在律所内部，运营的机制也是相互竞争的多，比创收，比市场，相互合作的少，各个合伙人团队之间的合作是被动于项目需求，而不是自发、自觉的。无论所内所外，竞争并取得比较优势，是生存与发展的主要思维方式。这种强者思维，自然有其天然的道理。

律师制度恢复发展40多年以后，行业发展进入一个新阶段，需要日益细致、深入、全面地回应客户多领域的专业需求，倒逼着面向未来的律所去思考应该采取一种什么样的战略或运营机制，从而更贴合客户需求，更能够为客户创造价值而得到客户选择，与客户共同成长？律所之间与律所内部的竞争，不应该再是简单的占有市场、谈下客户，而是从客户体验和服务价值方面去反思如何黏合客户，陪伴客户。这可能是一种“无限游戏”的情景：律所的发展战略应该是创造一种机制，一种文化，让更多的律师进行合作，通过合作使客户的多专业领域需求得到匹配的同时，获得高质效的服务体验，进而打造一种不断迭代的生态环境。

基于上述思考，判断律所的战略是采用有限游戏的竞争规则，还是采用无限游戏的合作规则，方法很简单，即律所发展战略是以竞争为基，还是以合作为本。

就这个问题，我们可以确切地回答，一定要竞争，而且要在市场竞争中胜出，这是一个“有限游戏”逻辑下的常态思维竞争，也是任何一家有商业属性机构生存本能的反应，但这不是全部的发展战略，也不是全部的生存法则。

基于未来市场需求的变化，我们选择“无限游戏”规则下的合作，我们管理与运营的核心理念，是合作。合作既是起点，也是一切行为的原点。我们深信这种合作理念会使每一个合伙人或律师具有最强合伙人或律师的能力。合作是一种能力，而有组织地合作，是我们区别于大多数律所的能力，这种能力有助于提升律师的作业及市场能力。比如，任何一个律师，为客户与业务需要，可以使用律所在该领域最有专业水平的律师；任何一个律师，都可以使用律所最有优势的力量去开发市场。同时，我们的合作还是有张力的合作，合伙人可以选择与专业团队合作，也可以选择与该领域的合伙人合作。律所机制构建的合作底层逻辑不是简单的竞争，而是在合作中赢得更大的可能性。但这种能力的发挥，需要有落地的管理以及浸润的文化支撑。因为合作产生了多种可能性，这就是一种无限游戏下的逻辑和规则。

因此，比起在意今天的优势是什么，我们更在意的是，律所的机制与文化，到底能够在多大范围内、有多大的包容度使律师之间、律师和合伙人之间、合伙人之间有质效地合作，并且能够让这种机制发散出去，越来越包容，越来越宽广。

我们知道，优势是会变的。如果合作的空间和广泛度不够，即使有优势，保持优势的时间也会很短。合作关注的不是优势问题，而是成长的问题。如果合作有足够的韧度，那么，组织就会有足够的成长性，组织中每个个体也会有成长，组织的优势就可以不断地迭代增长；反之，如果我们仅讨论优势，就应该知道，我们的优势不会很多，因为强中更有强中手。

竞争的最高境界，就是合作。

只有合作，才会生生不息。

只有合作，才有无限可能。

只有合作，才可迭代更新。

共同合作，才是生存之道。

站在兰台发展20年的新起点上，我们以合作为基础，去开创更多的可能性。

杨强

2022年3月28日

目　录

第一章

律所管理机制观察

从合伙人角度，最看重一家律所的三种资源：品牌、作业律师、客户。对于这三种资源，是否能够实现集约化共享，是否能够实现配置资源的比较优势，不同律所通过不同的运行机制进行了相应尝试。

概括而言，当前律师行业存在两种比较有代表性的律所运行管理机制：绩点制、合伙人联合体。

规模化的绩点制律所屈指可数。大多数正在实践的绩点制律所规模有限，以精品所为主。

规模化的律所，基本上都是合伙人联合体的律所。

合伙人联合体的运营逻辑是一样的，都是以合伙人为核算单位，“Eat what you kill”（自食其力）。但是，其表现的运行样态是多姿多彩的，或按照成本点数制，或按照创收比例承担公共成本，或按照固定比例提取创收等。从作业资源的使用、配置上而言，合伙人联合体的运行机理都是相同的，即作业团队的配置是以合伙人为导向的，每个合伙人聘用自己的团队、指导自己的团队、考核自己的团队。如果说有差异，也只是不同的律所在对作业资源的培养以及统一性方面，在管理以及干预的程度上，有所差异，表现在干预的多少不同，介入的深浅不同，管理的松紧也不同。

长久以来，律师在这两种运行机制中，作出选择。

一、绩点制

绩点制是一种合伙人根据年资、贡献度等进行点数核算后进行分配的机制，是一种合伙人、作业律师全员评价的体系，其运行基础是客户共享。

都说绩点制好，但是选择这种机制的律所比较少，尤其是做出实效的律所比较少。主要原因是在当前以创收为主要业绩考核指标的律师市场，绩点制的考核方式并不以当年创收作为合伙人业绩以及薪酬待遇的主要评价因素，创收量化到个人的激励程度以及激励的即时性不足，对于创收高的合伙人而言，不能实现高收入高收益的预期。同时，绩点制天然要求对于合伙人加盟的考核与评价非常谨慎、细致，致使包容的能力、扩张的能力受限。从这个意义上而言，绩点制的指标设计得再美、再精、再细、再科学合理，也可能会面临有质效的扩张速度过慢的窘境。而对于还处在“规模就是优势”阶段的律师行业来说，过慢的发展显然不符合市场需求。

此外，一些律师将绩点制想象成某种意义上按部就班的进步，或者是熬年头后的“大锅饭”，当年不能体现多劳多得，似乎有点不利于调动积极性。

访谈过一家做得最好的绩点制（记点制）律所负责考评的合伙人，对于绩点制做了如下解读。

绩点制机制的目标包括两个方面：一是避免单干，形成合力；二是保证作业质量。绩点制最本质的特征是固定晋升制，分为两种，一种是纯粹的绩点制，一年一步，西方最好的律所，初点和高点一般差出来2倍，差出来5倍的不多。有的律师在晋升为合伙人10年以后就满点了。满点以后，到了一定的年龄，可能在55岁以后，就逐年降下来。否则在体力上、智力上可能就支持不住了。这是一个良性的循环。另外一种是改良的绩点制，比如一些美国律所，灵活性比较强，改良的方式有很多，有一种做法是如果满点是100点，大多数人都停在60多点。因为如果大家都往前走，律所会受不了。

绩点制的特点是集中管理，必须有权威；绩点制管理的逻辑是避免竞争和冲突，以保证作业质量。绩点制入门考核很严格，不能随便进入一堆人。绩点制是建立在合伙人的水平一样的基础上，达到服务质量的统一性。否则，服务水准就下降了。

纯粹的绩点制比较透明，改良的绩点制容忍度高一些。纯粹的绩点制，有的时候往前走就走不动了，因为容忍度挺低的。美国律所对绩点制进行改良，其取向是重视差异、面对差异并进行适度的调整，比如大部分合伙人停留在中间层；英国的绩点制比较纯粹，差异是比较小的。

作为律师，每个人走的路不一样，创收能力也不一样。在绩点制下，如果能力弱的人比较多，就会出现问题。对于绩点制改良的一个方向就是设门槛，比如设两个门槛：35点和65点（门槛的具体点数可以调整），一段一段放人（评价、考核、晋升），只有具备某种程度的能力，才可以迈过去，不具备这种能力，就不让你过去，或走或留。对于合伙人的评估，是动态的，某一个合伙人在一个停留的点位，可以进行重新评估。

怎么评价一个合伙人？答案是与体系内的其他人进行对照。比如，对于加盟的人，通常会给两年的时间进行观察，在这两年的期间内，核定一个待遇，两年以后再定点。律师职业有律师职业的特点，不是优秀的人就可以做律师，律师不是社会活动家，不是学者。有的时候，选进来某个人是一个失误，很难百分之百看准了。即使律所对于想找什么样的人、在什么样的领域引进，想通了，想透了，进来的人也许仍然不合适。进人失误或错误，就会有成本，包括经济上的、客户上的，当然，对于其本人也是成本。在一个平台上每个人都能待好是理想状态，待不好，就挺难受。

绩点制会使一部分人产生惰性，通过集体来约束惰性。单干也会产生惰性，而且情况更严重。单干干到一定程度，就干不动了。

绩点制能够形成团队，具有衍生资源的能力，互相依托性强。但是要管理好，制度上设计好，就不能太理想化，尤其是在我们现在所处的环境下。

绩点制的制度设计仿照美国模式会更好一些。绩点制需要给出评价合伙人的时间，不行，就降点。律所的成本，尤其是大成本，是可计算的。从人的角度而言，当律所对一个人不满意的时候，这个人对于律所来说就是负资产了。

优秀的人，是不需要算账的。太差的人，也容易算账。

最难面对的是中间梯队，这主要取决于中间梯队在哪一个层面上。如果中间梯队的贡献都在1500万元左右，可能就没有问题；

如果中间梯队的贡献是800万元左右，优秀的梯队是3000万元，差别太大，就会有问题。

律所需要一个好制度和好人。人不好，制度好也没用。人好，制度不好也不行。

将优秀的人招进来，优秀的人自然有内生的动力。到了一定的程度，人的动力来自综合素质，有的人不是不努力，而是再努力也是这样，怎么靠制度让他变好？

制度设计好，选出优秀的人。如何将优秀的人筛选出来，是需要管理的能力和管理的艺术的。

绩点制能够通过平台，积累资源，资源就能互相衍生、互相利用。单干，高质量客户少，衍生出来的资源就弱，参差不齐，做起来就不容易。

在制度一定的情况下，优秀的人（适合做律师的人）会自动往前走，创造价值、创造资源。

我们都知道，绩点制是好的制度，其制度设计的本身，是以客户服务质量为导向，优化配置律所合伙人及作业律师资源，为客户提供品质如一的法律产品；同时，也可以确保律所内部人员的素质，专业水平比较整齐。合伙人之间、合伙人和律师之间能够达成一种完全的合作关系，能够实现完全的优势调配，齐心协力满足客户的需要。但是，好的制度的实现也需要一系列前提，比如：找到水平整齐、彼此认同的合伙人；实现合伙人专业与优势的互补；合理评价不同合伙人与作业律师在满足客户需求时的作用；等等。这些前提的达成都需要一系列的管理动作。

当前，一些律所在进行绩点制的尝试，只是因为与通行的客户文化和律师文化的契合度不够高，对于希望实行绩点制的律所而言，找到志同道合的合伙人，是一个比较大的挑战。并且，在发展中可以一直志同道合，是更大的挑战。

就目前实践的效果而言，实行绩点制的律所发展的速度都不够快，以精品所为主。之所以出现这种现象，是因为当前律师市场的潮流性思维还是以客户开发归属为导向，并因此决定合伙人的收入。在绩点制下，精品所是否能发展到规模所，什么时候、什么条件下能够发展到规模所，发展的节奏能否同步或者领先于行业变化，这些都需要思考。

二、合伙人联合体

合伙人联合体是一种每个合伙人建立、聘用自己的作业团队以完成作业、服务客户的运行体系，其运行基础是客户独享。

律师业界通常认为合伙人联合体不是行业发展方向，律所的内部组织应该更紧密一些，更一体化一些，以确保为客户提供的服务产品的品质能够大体齐整。但在现实中，选择这种机制的律所有很多，许多律所也因此而扩张得很大，发展的速度很快，主要原因是核算清晰、即时激励、自己做主、贴合律师文化及律师心理，包容的能力、扩张的能力都很强，并且，合伙人联合体很容易实现规模化。目前知名度高的一些大所，采取的基本上都是这种机制。

合伙人联合体是共享一个品牌，按固定数额、按份或按创收比例分担公共成本，合伙人自行承担其团队成本。在该种机制下，合伙人以各自为战为主，各自带领团队，依靠自己的作业实践，形成一些专业上的分工，每个合伙人对自己的客户负责。实行合伙人联合体机制的律所，成本分担机制基本相同，公共成本的分担方式主要有以下四种：

（1）每个合伙人的收入预先扣除一定比例用于公共成本开支，年终时多退少补；

（2）公共行政成本+实际房租成本分担；

（3）成本点数制，权益合伙人、薪酬合伙人、律师、律师助理分别计算不同的公共成本点数，公共成本是动态变化的；

（4）成本包干制。

随着规模扩张以及市场发展，各个律所开始在一体化方向上寻求一些变革措施，比如统一招聘、统一薪酬、统一晋级体系，力图使合伙人之间的合作更紧密一些，律所对合伙人规制的一致性更强一些[①]，但是这种一体化方向的努力并没有，也不能改变合伙人之间根本的成本分担方式。因此，其一体化的努力方向都是外在的、倡导性的，并没有改变律所中最本质的东西——如何根

① 比如，有的律所引入了合伙人二次分配制度，在各位合伙人可以接受的限度内，每位合伙人按照一个比例将自己的盈利组合成一个公共基金，根据品牌贡献度、业绩贡献度、管理贡献度、社会影响贡献度等客观指标，在合伙人之中进行二次分配。还有的律所开始试行公共律师池制度，在作业律师层面采取统一聘用、内部模拟、分别核算的模式。

据客户需求在律所中统筹配置作业资源。统筹配置作业资源，必须具有统筹配置作业资源的经济基础，没有经济基础，统筹配置就是一句空话，即使有项目中的统筹，该统筹也是零散的，而非体系化的。

三、绩点制与合伙人联合体的优势与劣势

绩点制与合伙人联合体两种机制运行的经济基础、管理模式是不一样的，在人力资源管理、专业分工、客户服务、知识管理、品牌推介等领域，均存在内在和外在的差异，同时，每一种运行机制均有其内在的利益分配上的逻辑结构以及客户基础，均有其发展历史上的时间窗口，都有成功的先例可以研究。无论是绩点制，还是合伙人联合体，都契合了不同合伙人不同的利益分配心理、追求心愿、协作心态、发展心路，但并不能满足市场上所有律师对于律所运营机制的需求。

（一）绩点制的趋势

绩点制，是内在地实现深度协作、利益共享的一种机制，是市场经济深度演绎的一种选择，但是，由于当前的市场环境、内部人员的综合素质等多方面的原因，绩点制不能深度而全面地贴合当前的客户文化、律师文化以及市场习惯。比如，客户更多认可律师而不是机构等，绩点制的包容性以及包容的能力、可复制性等，均受到不同程度的限制，因此，需要法律市场进一步成熟、

不断地进化，绩点制才能得到更广泛的响应。

（二）合伙人联合体的趋势

随着市场的发展，律师与客户的关系、律所与客户的关系不断在演进、演绎、演化，客户独享一定会向客户分享、客户共享演化，这种演化分为自然演化、有组织的演化（倡导性的）以及有机制的演化。

任何一个律师服务一个客户，都存在一个现实问题，就是律师的服务都有其执业周期，而客户的服务需求，只要客户实体还存在，就一直存在、一直延续，还会随着外部经济环境、监管政策、企业生命周期而变化。这就需要解决一个律师不再执业以后，其所服务的客户如何传承的问题，还需要解决客户需求变化后如何响应的问题。

而且，许多客户通常是由一个合伙人所带领的团队完成的，负责作业的律师也在成长，会成长为合伙人，合伙人与后来成长起来的合伙人的关系如何处理？同时，客户的法务人员会发生变化，客户的专业需求也会发生变化，这些因素单独或交互作用，会使客户对某一个律师的依赖发生变化，也会使律师服务客户的方式顺势变化。所有这些因素相互影响，使律师个体对于客户的标签作用，尤其是对于机构客户的标签作用逐渐弱化，律所对客户的标签作用越来越强。

因此，在市场经济不断深化的情形下，律师个体服务转化为律所机构服务，机制转换势在必行。

（1）客户多样化、多专业领域的需求导致合伙人个体团队作业力量的不足，进而需要不同作业团队交互为其提供服务，尤其客户管理律师也需要成本，如果能通过律所管理实现该成本的转换，机构客户都乐见其成。

（2）客户对不同律师的差异化感受导致集约化配置下的专业化团队有可能为客户匹配不同性格特点的作业律师，比如在作业质量无差异的情况下，选择相对强势的作业律师还是相对平和一些的律师，不同客户以及不同业务有着不同的需求。

（3）交叉影响、交叉作业，使某一个客户的创收直接、清晰地转化为律师个人收入的量化关系变得越来越模糊，如果还是沿用此前的提成或分配模式，必然会阻碍合作。

合伙人联合体的运行机制，需要在满足客户需求以及趋势性的变化上，作出相应调整，制定相关制度方法适应。

（三）绩点制所引导的一体化方向带来的困惑

绩点制要想落实好，在志同道合、优势互补的合伙人到位的情况下，评价在其中起着至关重要的作用。具体而言，评价结果的准确性、评价结果的接受度，评价对于晋级的影响度等，直接决定合伙人创收能力是否能够释放。

有评价，就有是非；有评价，就有江湖，尤其是对于合伙人的评价。因此，绩点制需要建立起一整套的评价机制，包括评价文化，在这个过程中，需要强有力的宣贯。但无论如何，评价总是面临着两难，一方面评价指标应该尽可能客观，但实际上，很难做到客观。评价永远不可能是一个计算的过程，也很难做成计算的过程，就像案件裁判不能用电脑去推演一样。许多事情并不能量化评价，将不能量化评价的因素进行量化评价，其结果必然导致不满意。另一方面，每个人的自评与律所的他评，总会存在着差异，这种差异会发酵、放大，导致负面效应，引发不良影响。

因此，评价什么？怎么评价？为什么评价？谁评价谁？如何个体化地看待评价过程中某个个体的潜质以及发展过程？谁有这个能力？如何看待评价结果、使用评价结果？这些不但考验着管理者的管理艺术，更需要从运行机制本身去检讨。

如何做才能完善合伙人的考评和分配制度，推动合伙人创收能力释放，珍视每个人的努力，不能既流泪又流汗，对于绩点制的运行机制而言，是一个极大的挑战。这种挑战，在当前客户文化下导致的结果就是既要不断强化管理，又要不断涵养文化，还需要时刻保持警醒，这些都需要极高的管理能力。对于当前中国律师行业的发展水平而言，是一个极大的挑战。

此外，绩点制对于律所本身品牌效应的要求是很高的。所谓品牌效应，就是客户对于律所本身的认可、认知高于对律师的认知，对于律所本身的信任，高于对律师的信任，相信律所的管理能力以及对作业品质的控制。在当前的市场环境下，律所应该具有极高的美誉度，品牌效应凸显，绩点制的“作业品质如一、人员素质相同、客户体验良好、同行愿意加盟”的效能才能更好地发挥出来。

（四）合伙人联合体和绩点制本质都是竞争

通过对上述律所运营机制的观察，我们不难发现，律所之间的竞争，本质上是合伙人之间的竞争、合伙人如何协作的运行机制之间的竞争、作业律师发展路径和方式之间的竞争、作业质效之间的竞争以及与运行机制相匹配的管理的落地能力之间的竞争。

本书探讨的律所的运行机制，不是律所合伙人之间法律责任的承担方式，而是着重在以下两个方面的基础上，探讨一种机制：这种机制是否能够最大限度地从有利于为客户提供有质效的专业服务、提升客户体验的方向去进行以职业化为基础的专业分工与协作；这种机制是否能够最大限度地从有利于律师的全面发展的角度去管理运营律所，以勤勉敬业者为本。

这种机制，关注的是律所的战略规划以及对战略的动态管理，考量的是律所对律师行业发展趋势的预测以及应对，权衡的是合伙人理想、情怀以及对成本分担方式的认知，落地的是律所在以下几个方面的管理能力：合伙人作业能力、市场能力、管理能力、社会责任的考核与评价，专业分工，作业力量匹配，作业律师晋级及评价方式等。

所有这一切，核心点是如何满足客户需求，并以此为导向，如何以勤勉敬业者为本，引领、支持、帮助律师全面发展。

对未来律师行业的发展趋势，我们有如下预测：

（1）以某一个合伙人为建制的团队作业，很难满足客户多样化、多专业领域的法律服务需求。

（2）专业竞争不断深入，对于专业精细化、专业行业化、专业标签化的要求越来越高，这就需要足够的集约化的作业量去“喂养”作业律师，并因此而实现律师与作业的良性互动，因为没有大量同质化的作业，就不可能有专业化的团队。

（3）资本、技术对律所运行机制、作业模式的影响是全面的、多维度的，但应该不是根本性的，这是由律师业务的特点决定的，而个体律师面对资本、技术的冲击是弱势的。

为此，需要解决的问题包括：

（1）经济基础，即可以实现作业力量共享的前提，换言之，就是不同合伙人在某一个专业领域的作业需求可以在同一个专业团队或由同一个作业律师有质效地完成。

（2）可以根据作业需求统筹配置作业力量（作业资源）。即一切以客户需求为导向，不应因合伙人之间的分配壁垒而影响客户体验。

对于律所的运营机制，不同的律师，也会有不同的认知。因为，不同的律师，经历的、看到的、欲求的、付出的、回报的，都不一样。这种差异性，决定了对不同运营机制的选择。

当然，律所的运营机制没有对错之分，只有是否适合之别，是否适合客户特点、是否适合合伙人性格、是否适合专业领域，但同时也一定要看到机制的匹配必须能够贴合行业趋势。如果没有根据趋势优化、改革机制，发展就会滞后。

不同律所的运营机制，演变与发展的方向应该是一致的。这种方向，就是实现律所内在的一体化，实现律所最重要的资源——作业资源的一体化配置，而不是简单的、外在的、倡导性的、无约束力的一体化。

不同律所不同的运营机制，决定了不同的合伙人成本承担方式、收益分配方式以及作业力量的配置方式，这既对律所规模化的方向、方式以及节奏、管理的深度、资本力量的介入强度、资源配置的集约化程度等产生至深至远的影响，亦对客户服务的价值以及体验、合伙人之间利益的分配方式以及协作模式、律师个体的发展路径以及速度产生着至关重要的影响与作用。

评价一家律所的运营机制，主要是评价该种机制是否具备内生的、使律师和机构茁壮生长的力量。评价的因素包括：

（1）是否具备能够使律师专业生长而又全面发展的作业分配机制；

（2）是否具备能够使律师博采众长的成长机制；

（3）是否具备专业分工项下一体调配作业资源的经济基础，以便在机制上保证能够持续优化，响应客户对于多专业领域法律服务的需求，提升客户服务体验；

（4）是否具备能够使律所内涵式规模化的比较优势；

（5）是否具备集约化使用作业的能力以便于成本的弹性控制；

（6）是否能够以勤勉敬业者为本，涵养律师向优向善向强的愿力；

（7）是否具备良性制度的能力，既可以激励合伙人之间相互协作、相互成就的内在愿力，又可以有效约束负面的反应。

第二章

探寻律所发展的第三种机制

客户演变和律师发展演变的过程并不能一蹴而就，律所作为组织应深刻认识这种演变的过程，既不冒进地选择一步到位，因为那样的持续化及规模化必然是受限的，也不是只追求规模化，因为那样是看不到未来的。我们顺应未来，但兼顾现实，选择了一条可以通往未来的路径。

规模化的路径如何实现，我们一直在探索，一直在实践，在经历了合伙人联合体和绩点制之后，最终选择了“统一收益率，统一配置作业资源”这样的一体化路径，其中的艰辛努力、百般滋味，只有亲历者才能体会。

我们追求专业化，如何做到专业化的动态调整，如何解决专业化过程中的专业壁垒，如何实现专业化中的协作，又如何解决专业化水准、专业化团队之间的不平衡。我们摸索出了一条从专业团队组织架构、专业产品打造，到职业素养历练的路径，其中的争执不休，面红耳赤，只有亲历者才能知晓。

现在，我们将这段探索历程呈现出来，希望为律所运营机制的多样性探索，提供一种可能性的借鉴，希望为律师专业化发展提供参考。

兰台的一体化机制，是作用于全体合伙人与作业律师共同体之间的、内在的、有组织的、有经济基础的一体化机制，这种内在性，源于统一收益率这样一个经济基础，基于统一收益率，合伙人向律所让渡作业资源的统筹配置的权利，由律所以客户需求以及体验为导向，统筹配置作业资源。

对于认同兰台理念、具备精深的专业背景、拥有良好的工作经历、善于协作的律师，可以不负担任何成本地加入兰台，他们不需要从头培养和组建自己的团队，可以直接共用成熟的、有专业分工的作业团队；对于作业律师而言，兰台则提供了一种专业化、协作化的晋级机制，通过职业化的发展路径实现了从作业律师到合伙人的个人发展。这样的一种一体化机制，将为组织吸引越来越多法律服务领域的重量级专业人士，为组织源源不断地培养出具有专业素养和职业精神的法律服务人才。

相较于绩点制、合伙人联合体两种机制而言，兰台的一体化机制既贴合当前的客户文化、律师文化，又代表了服务客户的方向，为市场提供了第三种选择。

兰台为什么选择一体化机制，或者，为什么说兰台的一体化机制可以成为市场的第三种选择？从合伙人发展、律师成长、客户服务、机构生长四个维度来看，这种机制具有以下比较优势。

一、一体化机制的尝试

不论律所管理机制是何种模式，都以律师为本，都以客户为导向，兰台的一体化机制的实践以关切合伙人、客户、作业律师这些组织中的个体为基础，因为忽略任何一个主体都是失败的机制。

（一）合伙人

兰台为合伙人提供的收益率是相同的，不论是创始合伙人还是新加入的合伙人，不论是市场型合伙人还是作业型合伙人。为此，兰台的一体化机制最大限度地契合了不同合伙人的性格特点，释放了合伙人的潜能，无论是有市场能力愿意开发客户的，还是有专业精进想法而愿意作业的，均能够适得其所，发挥其最优的特长。

兰台的一体化机制，界定了合伙人之间是一种适度的既清晰算账，又模糊核算的关系，既不像合伙人联合体“你的是你的，我的是我的”，也不像绩点制“你的一切与我有关，我的一切也与你有关”，或者说“你的是我的，我的也是你的”，而是“你的有的时候是我的，或者有的时候与我有关；我的有的时候是你的，或者有的时候与你有关”。这种适度的关系，使每一个合伙人在保持独立性的同时，既能够在需要的时候无间隙合作，也能够在制度安排下有激励有控制地进行兄弟式的算账与合伙。

兰台在合伙人层面采取的统一收益率是兰台一体化机制的经济基础，它有以下几个方面的优势：

（1）既避免了通过律所内部的不当评价来确定合伙人的收益，继而带来对于评价的否定或抵触，同时也消除了合伙人联合体模式下各自独立核算而带来的内部壁垒以及协作障碍。

（2）激发了合伙人内在的动力，使其有意愿在作业资源一体化配置下最大可能激发自己的市场创造能力，同时发自肺腑地愿意去协助其他合伙人完成更多的创收，因为这意味着整体成本负担的减轻，大家好，才真好。

（3）使兰台更具开放性以及包容性，同时具备开放的能力和包容的能力，能够放大水，养大鱼，那些认同兰台一体化机制、有协作精神、有良好的专业背景、有市场潜力的合伙人可以没有任何成本压力地加盟兰台，并得到很好的作业支持；而兰台较高的统一收益率，也为那些创收较高的合伙人加盟提供了较强的吸引力。

（4）满足了不同发展阶段合伙人的需要，不论是刚起步缺乏作业或市场支撑的合伙人，还是在发展阶段需要进一步拓展自己作业能力的合伙人，都能没有过多的心理负担去成长。

（二）作业律师

如果说合伙人是律所的财富，那作业律师就是律所的未来。律师的成长需要有业务的支撑，统一收益率，意味着所有的作业律师均按专业服务于有需求的合伙人，使得其职业发展不再受限于任何一个合伙人。面对不同合伙人的同样的专业需求，面对不同合伙人的不同的风格，面对不同合伙人不同的专业指导，作业律师成长得更快，某一个合伙人的专业水平以及业务格局不再是作业律师成长的天花板，兰台才是作业律师成长的天花板。对于作业律师而言，心有多大，舞台就有多大，这也是提高作业质效的基础条件。

统一收益率使专业化分工成为一种内在的管理要求，不仅仅是一种外在的倡导，而且这种管理要求在机制的保障下，成为可能、应当以及必须。这种专业化分工是有组织、有内在约束力的专业分工，而且随着客户需求的变化以及律所的成长，专业化分工也在不断发展，通过各个专业团队动态的挤出效应和吸纳效应，专业分工也在不断优化。而律师在这样专业化分工的机制下，成为受过市场检验的专业律师，其未来面对市场成长为合伙人时，将不再迷茫。同时，如果律师希望一直当作业律师，兰台也有能力为他们提供持续发展的平台。

（三）客户

客户是律所和律师赖以生存的基础，我们之所以如此不遗余力地进行内部改革，也是为了让客户的需求及时、高效地获得最大限度的满足。统一收益率产生了内在的统一调配作业资源的经济基础，使得全所的作业资源能够有约束地统一匹配，全面、及时、术业有专攻地响应客户需求。

兰台一体化机制使得机构客户或平台客户的多样化、多专业领域需求得到满足，提升了客户体验，减少了因为专业分工不到位而带来的协同差，降低了匹配度不够的可能性，增强了客户黏性和忠诚度。

统一调度作业资源使得兰台具有重大项目、重大事件的综合处理能力，运筹自如，进退有度。

（四）不同办公室

一体化机制可以最大范围地集约化使用和调配资源，在兰台一个办公室以及各个办公室之间，作业资源可以横向以及纵向调配，集约使用。

兰台的一体化机制具有成本伸缩自如的特点，这种弹性功能的实现，源于兰台可以一体化调配资源。任何一个办公室，在人力资源不足或富余的情形下，都可以与其他办公室进行调剂。这种统筹性的、集约性的安排可以提高效能、降低成本。同时，根据当地市场的情况，不同办公室，可以集合整个兰台机构的资源优势，培育不同地域的、有市场竞争力的优势专业。

兰台的一体化机制，简单地说，就是在合伙人之间，在当前的客户文化、律师文化基础上，遵循共享一个品牌，共享一个作业平台，共享、分享或独享客户资源的机制。而不是合伙人联合体共享一个品牌的概念，也不是绩点制纯粹共享客户资源的模式。

三种机制在品牌、作业资源、客户三个方面的异同如下表所示：

运营机制	品牌	作业资源	客户资源
绩点制	共享	共享	共享
兰台一体化机制	共享	共享	独享、分享或共享
合伙人联合体	共享	独享	独享

兰台的一体化机制，不但满足了客户对不同专业领域的有质效的现实需求和律所统一管理作业资源的内在需要，即客户对于律所作业资源集约化调配以及使用的专业需求，要求律所应该内在地进行专业分工、提高作业质效及性价比、提升客户体验；而

且避免了或者模糊了当前客户文化、司法体制、社会习俗、历史传承背景下因为不同合伙人对客户开发、作业、品牌、专业分工等因素的不同认知而带来的困惑，减少了合伙人评价以及因为评价而带来的诸多弊端；进而代表了一种渐进式、内生性、约束性的一体化进程。这种进程是持续的、不间断的，是不断生长的，能够不间断地向上、向善地演化、演绎。

概括而言，兰台机制是一种“狮头狼身”的机制，是“社会主义的市场机制”，它具有以下两个方面的特征：

（1）具有鲜明的市场特征。对于合伙人的考评，是由市场完成的，合伙人是具有超强作业能力或市场能力或二者兼而有之的“狮子”，其业绩表现、能力大小，基本由市场来决定。

（2）具有集中力量办大事、一体化配置作业资源的特征。对于作业律师的考评与配置，是由兰台统一完成的。这就有了集中资源、配置资源、优化资源的能力。

二、以未来为导向

一体化机制的力量是需要逐渐优化的。没有万全的方案，也没有不受诟病的机制。根据经济学家杨小凯的理论，根本不存在后发优势。向别人学习先进经验，就可以取其精华，具备后发优势，这是不可能的，只有创新才有可能具备真正的优势。兰台一体化机制的力量，就是将作业资源持续精进、持续优化、持续统合以满足客户需求，就是团结一切认同兰台机制与文化的律师以内涵式地规模化。我们之所以选择这样的路径，是基于对未来的判断，同时也是对现实的最深刻考量，机制选择的背景或原因，客户文化是决定因素。

市场发展的程度，是影响律所运行机制的决定性因素。普遍而言，在中国的律师行业中，客户都深深镶嵌着某一个律师的标签，与律所的关联度不够。这就决定了合伙人联合体的运行机制具有天然的优势，特别契合律师的收入、分配心理、心态。同时，我们也看到，越来越多的机构客户都在寻找可以“一站式”满足其综合法律服务需求的律所，对律所的关切度也是越来越多机构客户的需求。

（一）一体化机制对于当前两种机制面临困境的回应

我们在第一章分析了合伙人联合体与绩点制所面临的问题，面对市场变化，为解决当前两种机制的问题，第三种机制需要达到以下三个目标：

（1）满足客户多专业领域的服务需求，为客户创造价值，提升客户服务体验。

（2）不断释放合伙人的市场能力，创造最大市场价值。

（3）不断提升作业质效，通过专业化服务黏合客户，具有较强的市场竞争力。

然而，即使再强的合伙人及团队，也无法全部达成这些目标。律师以时间和精力为基础的服务模式决定了达成上述三个目标需要有组织地通过合作的方式实现。

（二）一体化机制的制度保障

如果要同时达到这三个目标，必然要求律所具有相应的机制去响应目标的实现。对于兰台而言，内生了四种机制，来保障上述三个目标的实现。

1.合伙人对作业律师独占使用权的让渡机制

律所生存的基础是市场开发下的高质效作业和高质效作业下的市场开发，两方面互为因果。因此，要有一种机制，能够使合伙人在开发客户的同时，让渡对作业资源的调配权，由律所设计一种机制，对作业资源进行优化、集约配置。

兰台的统一收益率背后的经济逻辑，就是在合伙人层面上，既清晰算账，将市场创收作为每一个合伙人的年度收入基数；又模糊算账，不管收益高低，收益率都是一样的。而对于合伙人而言，不同业务收益率显然不同，当统一收益率后，合伙人能够让渡对于作业资源的独占使用权，使作业资源成为律所的公共资源。反之，如果形成了合伙人自己的业务自己做、自己带的团队做，必然不能集约化使用作业资源，而不能集约化使用作业资源，专业化也必然受到限制。

同时，统一收益率可以尽可能地避免由律所对合伙人进行评价，将对合伙人的评价基本上交给市场解决，由市场决定合伙人的主要收入，避免律所对合伙人进行评价带来的不客观、不服气、不满意，规避了绩点制在落地和规模化中存在的难点。当然，这并不代表律所不对合伙人进行引导，对此，后文将进一步阐述。

2. 作业资源的配置机制

在合伙人让渡作业资源的独占使用权以后，律所要具备能够统筹作业资源的配置机制，以根据客户专业需求而统筹配置作业资源，有组织、有约束地进行专业分工，这也是机制运营过程中的难点。

作业资源的配置机制既要解决作业团队管理组织架构的问题，又要解决团队专业化动态调整的问题，还要解决专业团队发展不平衡等问题。

3. 作业能力的评价考核机制

在作业资源的配置机制落地以后，律所还要建立能够对各个专业团队的作业律师进行比对性评价、质效管理的评价考核机制，以勤勉敬业者为本。

作业能力的考评不仅要解决淘汰问题，更要解决指引和激励事项，作业能力的评价与考核不仅要放到具体业务中进行，更要放到月度、年度等时间轴中进行。不仅如此，考评既要有客观数据，又要有主观评价。这样层次多样、即时与时间跨度同时考量、主客观结合的评价才有可能是有效的评价。

4. 深度协作的文化机制

深度协作，要求以同事为第一客户，尽责、尽心、尽力、尽善、尽美地完成因为专业分工而带来的托付。这需要从文化、意识上，营造作业律师发自肺腑的认同、全心全意的协作。唯有发自肺腑的认同，才能带来殚精竭虑、用心用力的作业；唯有全心全意的协作，才能提供“心想、事成、不逾矩”、感同身受的客户体验。深度协作的文化机制，要求杜绝用时不用力、用力不用心的工作态度，避免出力不出活、出活不出彩的作业质量。律所应该洋溢着热烈而严谨、热爱而舒心、热情而真情的氛围，荡漾着真诚又自我、真心又自谦、真挚而自尊的气息。

以上四种机制中，第一种机制是对作业资源的让渡机制，是经济基础，这种经济基础使律所能够去调适最主要的两类群体：合伙人和作业律师。对于合伙人而言，需要最大限度地激发其市场能力以及作业水平，释放其生产力；对于作业律师而言，需要按照律所分工进行作业，最大限度地激发其作业的积极性，以勤勉敬业者为本，完善考评机制，明确晋级路径。

如果机制设计没有统筹配置作业资源的经济基础，也就谈不上有组织、有约束的专业分工，如果这种机制不能适应客户市场的现实以及未来发展，也就不能最大限度地释放合伙人的生产能力。

因此，需要有一种机制，能够使所有合伙人不再单独建立自己的作业团队而交由律所根据专业需求统筹设立，在作业资源的使用上，各个合伙人拥有平等的对于作业资源的调配权。各个合伙人的收益率不会因为创收高低、作业资源的使用程度而不同，而是在律所整体创收减去整体成本之后的统一收益率。这就要求创收高的合伙人做出收益率的平衡或让渡，以培养作业力量，要求创收低的合伙人遵循这种规则，认同这种文化，在创收因为作业力量的支持而增加以后，同样保持统一收益率的心态。

这种统一收益率的机制避免了律所对于合伙人的基础性的考

评，将对合伙人的考评交由市场完成。因为收益率虽然是统一的，但是不同合伙人的市场能力以及收入水平，与其创收能力以及工作能力、工作勤勉度息息相关。市场对于合伙人的绩效考评，是清晰的、量化的，也是没有歧义、没有是非的。

这种统一收益率的机制，使作业律师这一律所最主要的生产要素，能够与单个合伙人的直接雇佣关系相脱离，而与律所紧紧地黏合在一起，使律所能够统一管理、统筹配置、统合调度作业律师，满足不同合伙人不同专业领域的作业支持，实现有序、有机、有速度的发展。

这种调适的机制，就是兰台“狮头（合伙人）狼身（作业律师）”的一体化机制。

兰台的机制旨在保证各个团队都成为有机分工、相互协作的团队，而不是仅仅做一个强大的个体，做一个强大的团队。每个人、每个团队都有个性、有专长、有想法、有路径，兰台的机制就是在共同的目标指引下，发挥每个团队在专业上的比较优势，按照兰台统一设定的服务标准，沿着正确的路径，使客户、合伙人、作业律师各负其责、各得其所。

在这样的一种机制下，兰台对于任何一个专业领域的法律服务，可以从迈门槛到设门槛，从响应服务到创设需求，从定制到量产，从当下到未来，以无形的服务，切实的体验，提升客户的黏性。

在这样的一种机制下，可以实现不断抽离同质业务（人无我有、人有我好、人慢我快），使同质业务流程化，流程化的业务集约化，集约化的业务再创新。让“长板更长”，而不是“补短板”。“长板更长”的业务，就是专业化的升级版，就是给专业化贴上了标签。

一体化机制，既现实——可以适应当前的客户文化，提升客户需求满意度，又高远——代表了客户文化的演绎方向，是实现作业资源优化配置的一种路径选择。

一体化机制，在实施的过程中，需要管理能力、落地能力，才能充分发挥这种机制的优势以及潜能。如果不能落地，或者实施以后体验不好，那就会成为空想。这种“应然”变成“实然”的状态，是一个不容易的过程。

对于律师行业，要想在管理上精细一分，就需要付出十分的努力。否则，就是幻想，就是空中楼阁。机制设计好了，实施与实现需要比设计机制更高的智慧、更艰苦的付出、更适宜的管理、更优的职能分解。

（三）一体化机制在不确定时代的探索

2019年暴发的新型冠状病毒肺炎疫情深刻地影响着全球的经济与政治，也影响着每个身处其中的我们。世界各国的货币政策走向，可能结束长期以来的负利率、零利率、低利率的时代；基于算法加融合的数字经济带来产业形态的根本变化，资本主导向价值主义转变，使情感和社会责任在企业发展中的重要性无与伦比。中心化及去中心化的胶着缠斗，深刻影响着监管及各个业态的竞争格局，世界经济的交流融合朝向无共识无契约但要竞争共赢的趋势。法律服务行业亦将受到至深至远的影响。这好像是一个充满着不确定性的时代。

在这个不确定的时代，我们观察到，法律服务需求领域也在发生变化，比如破产重整、数字经济、合规服务等需求不断增加，与债务逾期有关的不良资产处置需求急剧增多，同时，我们也看到，法律服务报价在不断下降；律师行业人数在不断增加，仅2021年上半年，北京律师人数就有超过4000人的增长，北京律师总人数已经超过4万人；律所规模的两极化越来越严重，规模化是一种趋势，个性化是另外一种趋势。

无论发生何种变化，律所发展始终是以客户需求为导向的，从这个角度来讲，这又是一个确定的时代。客户需求使得不断领先的法律服务类型化，类型化业务低价化或平价化。这样的变化其实会对律所提供法律服务的方式提出挑战，继而也会对律所的运营机制提出挑战。传统的以提成为主，单打独斗的法律服务方式由于不能更有效地将领先业务类型化，已越来越无法适应客户的需求。同时，越来越多的客户内部合规与法律服务管理也在发生变化，传统法律事务部以后置纠纷处理为主的角色发生了翻天覆地的变化，律所的服务模式也要适应基于法律合规内部管理结构发生变化后的变化。我们要求行业自律、行业礼遇，不低价竞争。但是，我们也要始终明白，竞争行业的实质就是通过价格调整，改变供给侧的供给模式，使供给侧越来越有竞争力。赤字（红字）报价、绿字产出，似乎已经成为许多行业竞争力强的企业的制胜法宝。

在供给越来越充分的律师行业，与服务模式息息相关的运营机制如果没有优化，就不能够为客户提供有质效的法律服务，竞争优势就会减弱。对于律师行业而言，规模化与精品化都是提高竞争优势的路径。但是，实现规模化与精品化的路径不同，运营规模化与精品化的机制也不同，竞争的优势更会有所不同。以客户需求为导向，不断探索和优化律所的管理模式，这是在这个不确定的时代生存的确定法则。

面对这样的确定性与不确定性，很多人说要“弯道超车”，我们则以“化危为机”的认知以及行动，秉承着平常心进行审视。以疫情为主的外部事件带来经济的停滞以及长久的持续状态，是显而易见的，法律不能脱离政治经济而独自繁荣。律师业务的源头是交易与争议，是在动态中谋生的。大灾大难之际，存活比发展更为残酷、更为现实。所谓“开源节流”，现实的业务来源是存活的基础，源头枯竭则一切皆为奢谈。问渠那得清如许？为有源头活水来。

1. 商业上的共识不能成为盈利点，只停留在共识上，是更大的危机

当前，几乎所有的律所，甚至所有的商业机构，都在谈论“化危为机”，这似乎已经成为共识。历史已经证明，“共识”不能成为商业上的盈利点，只有“独到”才能。

综观历史，所有谈论“化危为机”的人，也遵循“二八定律”：80%失败了；10%维持正常，5%能够稍微领先，5%可以成为佼佼者。没有独到，平常状态下也不能领先；平常状态下都没

有领先，危机来了，仅仅因为与别人一样有了共识，就可以“化危为机”，可以领先，世界上没有这个道理。

越是在这个时刻，我们越应当勇敢正视现实，果敢采取行动，理性进行取舍，而不是只停留在共识上“静待花开”而没有行动。

2.有方向、有行动，才可能见到“化危为机”的未来

没有行动的口号，永远只是一个美好的愿望，坚信理想一定会实现的人，也只是个信徒，理想的实现需要行动。

有行动，但方向错误，没有结合自己的特点，没有看到市场的需求，路只会越走越窄。

方向对了，行动迟缓，落地能力不足，没有霹雳手段、坚定步伐、人文情怀，疲疲沓沓、优哉游哉，则不足以化解面临的危机。

疫情发生以来，兰台利用这段时间完成了以“培训”为展现形式的智慧汇集与知识管理。

3.化解之道应当是“反思”“行动”“精深”

（1）反思过往的不足与问题

疫情是一个危机，但不是真正的危机。比疫情更严重的危机，是我们内心认知不到，是常态化的懈怠，表现为没有规划的忙碌，没有目标的追求，没有愿力的工作，没有必胜的自信，没有放心的协作，没有控制的风险。

（2）行动的落实方式

疫情之下，兰台不裁人、不减薪，我们反而要大力吸引市场上的优秀人才；同时，鼓励律所人员根据每个人的专业特长进行内部流动。

打造平台。兰台，应该是专业性、协作性二合一的平台，唯此，才能产生信任。二缺一，都会使兰台一体化产生很大的损耗。

我们需要在一个语境下讨论问题。兰台的管委会、牵头合伙人是不领报酬的，这样一个没有薪水的岗位，如何能够组织团队完成规定动作（如每周的总结会、专业宣传推介规划等）？如何拥有持之以恒打造团队协作精神的定力？我们靠的不只是情怀，尽管我们让牵头合伙人都签署了请愿书，尽管在合伙人二次分配中对此有适当考虑，但根本上还是靠大家的合作与共识：团队好，我们才能更好。

（3）坚定的努力方向

无论多难，我们坚持一体化的方向不变，任何损害一体化方向的行为，我们都要坚决根除。

无论多难，我们都应该不断优化管理，不断打补丁。我们容忍过程中的不足，是因为我们一定能够修正不足。

无论多难，我们都应该不断改革意识，不断修正我们的认知，反省我们自己，将危机始终装在心中。

无论多难，我们都应该在做好每一件业务的基础上，再统筹规划一些，再想得远一些，再做得多一点。

我们应该有这样一个结论：平常的日子里，我们如果没能锻造出类拔萃的愿力、能力、定力，危机来临的当下想“化危为机”，就是虚幻的梦想。我们应该把自己放到整个市场中去竞争、去思考，哪些业务我们必须拿下，哪些业务我们要努力拿下，哪些业务是我们努力的目标。让自己在市场中有一席之地，让自己在市场中有越来越多的话语权，这样，兰台才有机会“化危为机”。

（四）一体化机制也是未来律所新形态的回应

除了运行机制，还有许多因素影响未来律所的发展。比如，技术进步、替代性法律服务组织等，都会对未来律所产生深远的影响。传统律所需要有经济基础、组织能力融入未来。

技术进步太快了，摩尔定律认为，造价最低的集成处理器上的晶体管数量，每隔18个月就会翻一番。现在，量子计算机已经出现了，其运行质效不可思议地提升，使我们根本无法想象会给人类带来怎样的变化。

在自动驾驶、围棋、写作、人工翻译等领域，技术已经或即将击败人类，但在更高阶的模式识别，比如复杂的沟通领域，尤其是在复杂的情绪化或表达不明确的环境之下，人工智能的普及似乎还有待技术的进一步发展。但我们相信，这一天终究会到来。这一天到来的时候，人类的所有职业，可能都将被重新定义。

我们只能基于数字化、互联化的技术，而不是基于复杂、情绪化或表达不明确环境的技术来浅显地谈互联网时代律师如何提升市场竞争力。相较其他行业，律师行业的数字化、在线化程度较低，但突然而至的疫情从空间上改变了人们交往的方式，也加速改变了行业对数字化、在线化的认知，现实选择使大家有一个共同的判断：数字化、在线化、互联网应该会成为律师行业的必然选择。

“拿着旧地图，找不到新大陆。”我们不能按照传统律师行业，诸如专业化等角度来思考未来律师和律所的发展，我们必须将律师行业放在整个法律服务市场的语境下去判断。

科技带来的变化，市场竞争带来的客户成本压缩，迫使我们不得不去思考律师行业未来的变化和挑战。当然，越是在这种极端变化时刻，我们越要回归最基本的逻辑，即律师服务必须为客户创造价值，为社会作出贡献。

1.调整我们的认知——放弃成见，动态应对

当前，似乎是一个我们已经不再熟悉的世界，我们在以各种方式感受国家力量、经济、政治、文化发生的变化，很多变化已超出了我们的认知。面对这些变化，面对数字互联网时代的到来，面对疫情带来的数字化的加速，我们需要调整自己的认知。

很多人认为律师是“手艺人”，手艺人在于“心”，人身属性很强，很多积累、情感等不可替代。但我们不能因此而否认律师行业的很多服务可以标准化、流程化，进而具备非律师提供的可能性和必要性。尤其是律师服务作为一种商业服务存在时，客户会根据价格考虑选择什么样的供应商。所以，面对数字化时代，我们必须调整认知。我们要认识到数字互联网时代将深度变革法律行业，就以律师的主战场法庭来说，“云”开庭不会只是疫情期间的暂时性措施，司法大数据后的类案分析等，都会重构律师的技能。所以，我们需要改变认知，当我们放弃成见，就可以开放的心态去应对开放竞争环境下的各种变化，比如合同审核的智能化、大量证据初步梳理的电子化。

律师应对变化的方法可能有很多，可以进一步思考自己不可替代的价值，也可以依托自己的积累参与到数字化对于律师行业的深度改造中。

2.抽离具体数字互联时代的表现形式——从组织和提供服务产品的角度思考

科技与法律结合有很多呈现方式，包括：（1）信息、数字、智能平台，实现律所高效、实时管理，通过对律师办案的数据化和知识化管理，提高律师工作效率。提升律所的运营管理、品牌营销、市场拓展等能力。（2）法律服务，包括资讯发布、交易撮合、替代性法律服务等，如企业设立、合同草拟、合同审查、知识产权、法律顾问、纠纷调解等业务。（3）智能法律服务，将重复性、事务性的法律工作交由IT法律助手解决。

每个法律科技类别的详细分析都是一个专题会议，但在我们看来，数字互联网至少会从两个角度深度重构律师行业。

一是对作为组织的律所的变革。不得不承认，律所整体管理的科技感很弱，现在数字化对于律所作为组织的影响不是简单地引入一个系统，而是传统的松散的组织管理形式显然无法适应数字化带给组织的挑战，不引入数字化管理的组织没有未来，但引入数字化管理后律所组织的运营模式也必然与此前不同，包括利益分配、案件管理等，所以，数字互联网无形中就会充当促进律所组织进化的一种因素，这对律师行业是好事。不论是管理者还是律师，都将面临信息化以及法律服务标准化、流程化管理带来的挑战。

二是对律师目前提供服务产品的变革。目前不少原本由律师提供的法律服务变为由其他法律服务供应商来提供。我们已经看到，越来越多的法律科技公司开始尝试采用技术手段来解决专业法律服务中存在的问题。比如，合同审核和案件分析工具等。利用大数据、AI等技术，不仅帮助法律从业人员解决了重复性、繁杂性的法律工作，也替代了很多律师的工作。正是基于这样的变化，律师行业“单打独斗”的主流现状将被市场倒逼进行改变，否则，只能被淘汰。

同时，数字互联网时代对于律所作为组织的影响以及对于律师目前提供服务的替代将交替发生，进而作用于律所以及律师的不断向前发展。

因为律所和律师都必须在这样的竞争环境下思考自己的生存和发展问题，改变以及如何改变将是很长一段时间内律师行业必须面对的命题。

3. 回归底层逻辑——为客户创造不可替代的价值

我们从认知上了解了时代的变化不可阻挡，需要回归底层逻辑来思考问题，即我们如何为客户创造不可替代的价值。任何商业机构都有其基本的逻辑，更高的效率、更低的成本，一定是所有行业竞争和生存的法则，律师行业也不能超脱这一基本的逻辑而独自运行。

从市场竞争的角度来看，竞争的本质是做与同类服务者不同的事情，远离竞争才是竞争的最终目的，律师行业如果介入法律科技可替代的律师服务部分进行“价格战”，律师行业的生存空间应该会很小。在这样一种竞争的环境下，律师行业应当去思考，客户需要哪些服务，哪些服务不可替代。律师行业不应当追随竞争者去思考问题，而是不断思考能为我们的客户创造哪些价值。

在这里，我们想重点说一个概念，律师只有告别原来相对被动满足客户需求的状态才有可能在竞争中获得一席之地，即应该思考我们的客户需要什么。当然，不同的律所和律师客户定位并不相同，立足于个人客户还是机构客户，显然会是不同的选择。但不论是何种客户类型，所要解决的问题都是一致的。

我们拥抱数字互联网时代，也欢迎这个时代对我们这个行业的改造和异化，但我们更应当有危机意识，在竞争中求发展。

法律服务，是模式识别下的复杂沟通。无论是合规，还是法律本身，抑或某一个专业领域，追求的是行为、意思的合目的性、结果的确定性。但这一切却是由过程中不可确定的模糊性因素相互作用来实现的，这是律师服务的最大价值体现。这种价值，在目前以及未来相当长的一段时间，单凭技术是无法实现的。但是，谁知道模式识别下复杂沟通的技术奇点会不会倏然而至？我们所能做的，就是面对技术进步，既能深入其中，又能出乎其外，还能发现作为“人”的技术可能永远无法替代的存在价值。

技术进步，一定会对法律服务行业带来深远的影响，职业分化、收入分化、竞争格局分化、地域分化等会进一步加剧。我们不得不拥抱分化，同时，认知并适应分化。

第三章

不同管理机制的经验

2002年5月20日，在这个浪漫的日子，兰台律师事务所创立于北京。经过20年的发展，目前兰台已在上海、深圳、成都、天津、昆明、长沙、合肥、南京、郑州、海口设有办公室，青岛、西宁、南宁、重庆等办公室正在设立。

兰台创始合伙人秉承着不断创新及追求卓越的事业理念，在所有合伙人和律师的努力下，兰台目前已成为中国律师行业中规模较大并在多法律专业领域拥有深度实践经验和领先业绩的大型综合性律所，能够为境内外客户涉及各行业的复杂交易和争议案件提供兼具国际视野和本土智慧的法律解决方案，协助客户顺利实现商业目的。“兰台服务创造价值”，兰台律师致力于为客户提供“心想、事成、不逾矩”的优质法律服务。

“分工、协作。”兰台能够从机制约束上，确保以客户专业需求、体验为根本追求，高效、顺畅地配置各个专业的服务要素。这使兰台秉持务实、创新的理念，以缜密的法律分析为基础，时刻把握行业新动向，因事制宜、因时制宜提供具有创见且易于实践的法律建议。

因为专业而分工，因为一体而协作，运营机制的力量，使兰台专业标识化、专业行业化越来越显著，协作越来越深刻。

兰台每次的新人培训中，总会提到两件事情，一是兰台名字的由来——“二人同心，其利断金；同心之言，其臭如兰”“四方而高谓之台”，是为“兰台”，寓意同心共筑高台。二是一本一直影响着兰台的书——《百年基业》。同时，还会提到兰台员工手册前言的一个词——集体奋斗。

经过20年的发展，兰台创始团队没有变，核心理念也没有变，品质追求更没有变。在律所的运营机制上，我们都做了什么？基于对法律服务市场的观察，如何有品质地规模化，兰台选择了一条独一无二的一体化之路。兰台以未来为导向，创设并深度践行“统一收入、统一支出、统一收益率、统一配置作业资源”的一体化运行机制，为客户、为律师、为行业、为社会提供契合发展趋势的第三种选择，彰显兰台机制的力量。

发展了20年，兰台在同行中也积累了一些小小的影响和声誉，但这并不值得炫耀和骄傲。如果有稍微值得称道的，就是兰台经过痛苦探索，如今始终坚持的独具特色的一体化道路。

20年以来，我们并不是漫无目的地随意前行，我们不断地调整，不断地试错，坚持一体化，践行专业化，与志同道合的合伙人带领一批相信兰台机制的年轻人扎扎实实地积累，打磨出了13支团队，有了一些核心竞争力。以只争朝夕的精神，慢慢来。

兰台的梦想是成就客户的成功，为客户带来兰台的专业价值；与此同时，成就每一个兰台律师的律师梦，使每一位兰台律师成为一名专业卓著、受人尊重的律师。

成为一家受人尊重的律所，在中国律师行业发展史上留下印迹，就是兰台存在的价值。

实现梦想，就要有路径，有措施。兰台究竟采取一种什么样的机制、走一条什么样的道路，才能实现梦想、卓然而立？兰台一直在研究并践行有兰台特色的一体化机制，以机制为马，实现梦想。

机制不但要解决客户服务问题、未来导向问题、以律师发展为本的问题，而且要解决意识问题。一体化机制，必然要求与其匹配的价值观以及由此酝酿而成的文化氛围；一体化机制，如果要成为兰台的运营模式，就必须既要立足于现实，又要预见未来。脚踏实地，仰望星空。

概括而言，研究律所的运营机制，就是研究在不同的运营机制下如何挣钱、如何分钱、如何分担成本，继而引申出来如何较优化地配置智慧，以实现为客户提供最好的服务的目的。就是研究能不能在某一种机制下，通过组织与管理，使律所具有内涵式规模化发展的力量，能够优化成本结构，不断提高作业质效，持续提升客户体验，挣更多的钱，并且更好地分钱。一句话，能够有“一步一个脚印，一年一个台阶”的成长的力量，也能够成为一家受人尊重的律所。

一、联合体和绩点制的实践

兰台的一体化机制并非凭空而来，在20年发展过程中，兰台以做一家受人尊重的律所为指引，在做好每一件具体业务的同时，不断探索什么样的组织形式更能彰显人的价值。

（一）联合体机制阶段

自兰台2002年5月20日成立以来，合伙人就有一个梦想，将兰台做强做大。但如何做强做大，并没有什么清晰的路径。彼时，对于律所的运营机制，兰台的创始合伙人是懵懂的。而且，囿于生存压力，朴素的想法就是尽可能地多开发业务，发展起来。至于律所采取什么机制，没有时间想，也没有精力想，更没有能力想。那个时候，也想多吸引人加盟，吸引人的方式很简单，就是尽可能地让加盟的人享受更高的提成比例、承担更低比例的成本，以比较成本优势吸引合伙人加盟。

当时，兰台实行的是一种合伙人联合体机制，而且是一种比较简单的合伙人联合体机制。兰台的创始合伙人担心如果让加盟的合伙人按比例承担成本，会使一些合伙人因为担心成本过高而不愿意加盟兰台。因此，对于加盟的合伙人，其应该承担的成本或者说律所留存的收入=加盟合伙人收入×n%，而且，n是变化的，加盟合伙人收入越高，n越小；加盟合伙人的收入达到一定数额以后，n=0。概括而言，随着收入的增加，加盟合伙人承担成本的比例逐步递减。

这种比较简单的合伙人联合体制度，优点是核算清晰，加盟合伙人承担的律所的公共成本是确定的，而且承担成本的比例较低，在市场上是有竞争力的。其余的公共成本，无论多少，都由创始合伙人承担。缺点是加盟的合伙人并不承担律所的公共管理，对于律所的重大事项也没有决策权。加盟的合伙人，自己的活自己团队干，自己的团队自己发工资，自己的团队自己管。

但该种模式试行两年左右以后，并没有多少合伙人加盟兰台。兰台的发展，始终是一步一个脚印，但基本上是原地踏步的脚印。依靠较低成本吸引合伙人加盟的做法，并没有多少成效。原因可能包括以下两点：

（1）比成本优势，兰台一定不是最低的，套用一句话，就是没有最低，只有更低。一些律所为了吸引合伙人，有的不需要新加盟的合伙人承担成本，有的只是象征性地承担成本。低成本竞争，永远是中国市场上各个行业的常态现象。但兰台不可能将较低成本进一步退步到不承担成本。

（2）比品牌优势，当时的兰台可以说是默默无闻的。在2002年到2004年，北京律师市场上已经有近2000家律所，大所、名所比比皆是，没有听过兰台的律师，加盟兰台的可能性非常小。但是，将兰台从一家名不见经传的律所发展成一家有品牌的律所，绝非一日之功，而是一个长期、持续、艰苦的系统工程。而且，这本身就存在一个悖论：没有品牌优势，就没有人加盟；没有人加盟，就更没有品牌优势。这个市场上不乏快速驰名的律所，但是其与兰台的发展路径与专业领域不相契合。兰台的基因决定了兰台只能是循序渐进地发展品牌。而一家律所，做到脱颖而出，是非常难的；做到声誉卓著，没有卓越的见识、标签化的领先专业、既接地气又面向未来的运营机制、先进的文化以及落地的管理，是不可能做到的。

品牌是一家律所所有气质的综合凝练，是过往业绩的结晶，是专业积淀的外溢，兰台通过比拼品牌来吸引合伙人加盟，在当时就只是一个美好的梦想。

对于提成合伙人的收益分成方式，兰台认识到，如果全体合伙人对于公共成本不能平等地承担，就会发生承担较低成本的合伙人天然就没有平等表决权的现象，实际上是限制了这些合伙人的发展。为此，兰台尝试进行了改革，就是公共成本分担的均等化。这实际上是合伙人联合体的另外一种模式：合伙人平分公共成本。但是，实践下来，并没有什么明显的效果，也许是这样的一种路径与兰台合伙人的追求不太相符合的缘故。

（二）绩点制

绩点制是根据年资、贡献度等进行点数核算以后进行分配的机制，是一种合伙人、作业律师全员评价的体系，其运行基础是客户共享。

兰台在成立7年左右时开始实行绩点制。主要的管理动作包括：根据每一名合伙人的专业资历与工作经验，以及过往的市场能力等近20项指标，评定出每一位合伙人的点数，以此来确定该名合伙人的薪酬。这种评定过程本身就是合伙人与律所或绩效考评委员会博弈的过程，而且，每位合伙人的自我评估（自评）与绩效考评委员会的评估（他评）是有差异的，基本上是自评高、他评低，双方就会有一个互相靠近的磋商机制或程序。这种磋商机制或程序的不足就是总会有遗憾，总会有不平衡感，或者是合伙人不平衡，或者是律所觉得不平衡。而且，经过一年的业务发展，合伙人与律所之间对于本年度的考评和总结，以及基于考评或总结的次年的点数评定，也会产生差异，而且有的时候是巨大的差异。

在中国律师市场中，这种绩点制带来的绩效考评上的障碍与困难，主要是由律师文化中盛行的市场优先主义带来的，主要表现就是以创收论英雄。如果绩点制中的点数没有与创收挂钩，或者没有主要与创收挂钩，则对于有市场能力的合伙人而言，就是一种“伤害”。

绩点制的核心要义，是在创收、作业、品牌、协作、资历、管理贡献等各项要素中寻求一种平衡，以便最大限度地发挥各位合伙人的不同优势、不同作用，勠力同心，服务客户。但是，不同的合伙人对于各要素的感受是不一样的。创收高的合伙人，期望以收入作为主要考量因素；专业好的合伙人，期待考核向作业倾斜；有管理能力的合伙人，则认为管理要素应该占有主导地位；等等。绩点制本来设想的是指挥一个乐团，协奏成英雄曲，但由于演奏家各有所长，反而不能演奏出动人的乐章。

在兰台实践绩点制的过程中，遇到了诉求的多样性与绩点制的固化性之间的矛盾冲突。在年终的绩效考评中，合伙人彼此之间不满意、合伙人与律所管理层也彼此不满意。由此给绩效考评带来了极大的难度，致使兰台最终放弃了这种以合伙人考核为基础的绩点制。

兰台绩点制因为客户共享机制、评价机制等尝试失败而失败，但这样的尝试为兰台后续的发展奠定了基础，包括兰台内生的协作基因，兰台的专业主义与更好的律师战略定位。

二、一体化的实践——坚定又艰难的坚持

通过兰台的实践，并观察律师行业各个律所的运行机制，兰台不断地在试错中前行，尝试了合伙人联合体机制、绩点制，然而都没有成功。终于在2013年，兰台尝试着开启了现在的一体化机制。

律所的运行机制无外乎三种模式：绩点制、合伙人联合体以及以兰台为代表的一体化机制。这三种机制，如本书第一章和第二章所述，其运行的底层逻辑是截然不同的，合伙人以及作业律师在作业以及市场拓展上的着力点也不一样。

绩点制的目标是充分发挥合力的作用，并通过作业时间以及其他一些因素，评价合伙人以及作业律师的业绩，其运营逻辑是希望协同、协作，充分发挥不同层级、不同专业的律师的合力，通过平台价值拓展业务。

合伙人联合体的目标是减少管理协调的难度、充分发挥合伙人自身的创造力以及天然的成本控制预期，其自身就是创收中心、成本控制中心以及利润中心。合伙人个人的创造力、责任承担能力被最大限度地激发和释放。

兰台的一体化机制，目标是减少对合伙人的考评，最大限度地激发合伙人的创业精神，同时又能够在作业层面进行有组织的专业分工、有目标的专业协作、有质效的客户服务。

从设计的角度而言，绩点制应该是一种最好的机制，只不过在当前的律师文化以及市场现实下，如何深度激发并保持合伙人创业的积极性，似乎没有什么特别好的办法，没有优化的措施与方案，总是顾此失彼，或者与绩点制所提倡的价值理念不相包容。志同道合，对于绩点制项下的合伙人，是首要的要求。

合伙人联合体的运营机制，具有最天然的生存土壤、最适宜的文化环境，是扎根于现实的被普遍适用的运营机制

兰台的一体化机制，希望结合绩点制与合伙人联合体的优点，既充分激发合伙人的潜力以及市场能力，也能够通过作业分工与协作配置作业资源，匹配客户需求，并提供更有质效的服务。

现在，律师市场正发生激烈的变化；未来，资本、技术的进入将会与律师行业发生怎样的交集？资本、技术早已经完成了对投行、咨询、人力资源、会计师事务所的全面融合。合伙，尤其是人合，在律所表现与演绎得最为纯粹，整个行业对待资本与技术，尤其是资本的态度，还是相当谨慎的。资本与技术如何进入律师行业需要进一步的实践与观察。

研究律所的运营机制是因为兰台认为，在律所之间的长远角力中，运营机制一定会发生决定性的作用。兰台致力于持续锻造、创新一体化管理的机制，以为客户提供最优服务为存在法则。

兰台坚持一体化机制，是因为兰台坚信未来客户市场的变化趋势，合作才有未来；艰难是因为一体化机制在落地过程中同样面临诸多管理难题，需要我们不断在解决难题中前行。

第四章

一体化落地管理的样态

从管理逻辑来看，一体化的管理应该是能顺利进行的，从2013年至今，我们的实践表明，从“应然”到“实然”需要克服太多困难，解决太多问题。不同客户的需求，不同合伙人对发展速度、专业的要求及协作能力，不同作业律师对职业规划、薪资的诉求等综合因素让一体化在落地过程中遇到了诸多问题。

目前，不少律所都在提“一体化”，一体化同样有不同的表现样态，兰台的一体化机制也有其独特的含义。

一、一体化的三种表现样态

如前所述，绩点制、合伙人联合体、兰台机制，无论是哪一种律所运营机制，我们都看到了一种共同的趋势或结果，那就是一体化[①]。

一体化，从某种意义上而言，就是合唱。合唱的条件就是要照着同一个乐谱、看着同一根指挥棒来发声。乐谱不一样或者有

---

① 一体化的内涵：任何一家律所，其发展的方向或者发展的现实都是一体化，都是为了追求更好的协作、更好的专业化、更好的客户体验、更好的律师素养提升。但是，绝大部分律所倡导的一体化是外在的、倡导性的、指导性的一体化，是一种外在组合，没有内在的经济基础以及约束作为支撑。

多根指挥棒，发出的声音一定是参差不齐的。不同机制项下的一体化路径有着根本的不同。从作业资源的配置角度而言，在不同机制下，一体化表现的程度与状态是不一样的。

绩点制机制下，一体化已经是现实，需要的是在同一个指挥棒下、按照同一个乐谱，持续演练、优化，使层次清晰，音色、音量恰当，体现出均衡而富有节奏的效果。

合伙人联合体机制下，一体化是一种方向，原因很简单，就是合伙人联合体所倡导的一体化，没有实现一体化的内在的经济基础，即作业资源调配权的让渡，作业资源仍然归各个合伙人完全独立支配。因此，在集约化使用作业资源以及对应的有组织专业分工方面，合伙人联合体的利益分配机制不能为一体化调配作业资源提供硬约束，而使集约化使用作业资源仅仅成为一种倡导，一种软约束。

从合唱的角度而言，各个团队的作业律师，对照的是某个合伙人的乐谱，看的是某个合伙人的指挥棒。从律所的层面而言，没有一个乐谱、一根指挥棒，可以调动不同合伙人团队的律师。

因此，对于合伙人联合体而言，这种一体化的方向性，路径到底有多清晰，指引的力度到底有多强，实现的可能性到底有多大，前行的速度到底有多快，抵达的时间到底有多长，均取决于合伙人的认知，取决于合伙人的情怀，取决于合伙人的性格，取决于合伙人的愿力与取舍，最终取决于何种利益分配机制能够让所有的作业律师看同一个乐谱、看同一根指挥棒，按照不同的声部来和谐地演唱。

对于合伙人联合体而言，想要实现一体化，看起来不是一件容易的事。其实现的路径无外乎两条。

1.渐进式改良

所谓一体化的渐进式改良，是一种温和的方式，随着客户迭代更新、合伙人迭代更替，在共享品牌基础上的客户独享的基础会被迭代传承自然改良为分享或共享，这样就有了一体化的现实需求以及为此而必须匹配的成本分担及利益分配方式的变革。

2.彻底性的改革

所谓彻底性的改革，是一种比较通透的方式。但是，改革是要付出代价的。改革者能够进行改革的前提，是改革者必须有改革的力量，这种力量包括经济力量、声誉、专业优势以及制度的空间。对于合伙人联合体而言，如果在一体化上试行改革，倡导者、引导者、领导者都应该具备整合的能力，或者具备让利的经济基础。否则，以改革实现一体化基本上是不可行的。

总之，对于合伙人联合体而言，要想实现一体化，尤其是作业资源统一配置的一体化，律所需要具备让所有的作业律师看一个乐谱发声、看一根指挥棒指挥的能力。因为，对于合伙人联合体而言，认知一体化机制、实践一体化机制、优化一体化机制，从一个阶段进化到另外一个阶段，均需要时间以及实践。

兰台机制下，统一收益率使每个合伙人将作业资源的支配权让渡给律所，使律所能够对作业资源进行统一配置，具有作业资源集约化使用的经济基础，也就是硬约束。从合唱的角度而言，律所给所有的作业律师看的是同一个乐谱、挥舞的是同一根指挥棒，只不过是分不同的声部而已。不同声部技术突出，同时又配合娴熟。

当前，兰台实行的一体化已经践行了将近9年的时间，为兰台持续发力、发展，带来一定的时间窗口，为兰台带来一定的在机制方面领先的优势。

二、一体化机制落地面临的挑战

将机制的力量，转化为生产力，转化为现实的力量以及作业方面的优势，需要管理落地。在一体化过程中，我们遇到了许多挑战，我们在不断调校中前行。

一体化，融合的是这个世界上最复杂的因素——人。兰台一体化实践9年以来，在人的融合过程中，遇到了各种挑战。

（一）客观、冷静看待不同机制的好坏

一种机制，一定有好的一面，也有坏的一面，不可能有完美的机制，好与坏只是看对谁而言。运营机制和家里过日子的方式一样，各家有各家的条件和现实，没有绝对的好机制与坏机制之分。这需要律所的合伙人、管理者系统地思考发展方向，不能片面地看待别家的方法，而不去思考实现方法背后所需要的条件。这就需要我们在面对问题寻求解决方法时，不能只看到别家解决问题的表象，更应当了解背后的思考逻辑，否则，非常容易南辕北辙。

一旦选择了一种发展机制或路径，就需要认识到这种机制或路径的好处以及面临的风险。世界上没有一种机制或路径是只有好处而没有风险的。有些风险是机制本身带来的风险，比如绩点制天然就有当年创收与收入不匹配的风险，合伙人联合体天然就有内部竞争合力产生障碍的风险，兰台一体化机制天然就有配置作业资源效率不足的风险。此外，还有一些后天管理能力不落地或者发展节奏等各种因素带来的风险。所有的风险，如果不能妥善应对化解，就会使好处变为坏处。

不同的机制，支持其发展的核心竞争力是不一样的。绩点制讲的是整体效能，协同效应；合伙人联合体讲的是包干到户、包产到人，自负其责、各享其成下的个体积极性的最大发挥；兰台一体化机制讲的是作业资源的分工、协作，释放合伙人的市场能力。

无论哪一种行业、哪一个机构，都需要做反熵管理。彼得·德鲁克说管理要做的只有一件事，就是如何对抗熵增。对于所有的行业以及机构而言，熵增似乎是一种诅咒或者说是宿命，也就是说，没有反熵管理，任何机构都逃不脱无序、效率低下的宿命。所以，各个行业、各个机构都普遍重视管理。

反观律师行业，则有一个普遍的特点，就是重业务，轻管理。这种现象有其存在的合理性，主要原因是律所是一种智力服务机构，而且律所提供的智力服务与其他智力服务行业，如会计师、投行、咨询等，有着本质的区别：大部分律师业务可以由律师个体独立完成；同样一项法律服务，不同律师提供的法律服务结果会存在多样性的差异；一项法律服务所产生的利益归属比较清晰，由此能够确定律师个体的收益。这些特质本身就带有熵减的属性，能够对抗一个机构发展过程中的无序和混乱。

但是，如果律所需要更有组织、更有质效，需要面对未来竞争中的更多不确定性，就需要将律师行业的特质聚合、融合得更好。这就需要管理的介入。但是，管理带来的是一个熵增的过程，还是一个熵减的过程，看的是管理能力。兰台一体化机制的落地考的就是兰台的管理能力。

（二）一体化的核心竞争力是作业团队

兰台一体化的核心竞争力是作业团队，大到提升作业律师的综合素养和实力，小到保障每一份作业的精准质量，都需要花费很长时间、很多心血。对作业质量的时时检查与修订，谁来负责？是上级律师、主管律师、薪酬合伙人还是牵头合伙人？这是一个必须明确的问题，作业责任、作业流程、作业考核，要有一个切实可行的办法或程序。

在兰台一体化机制下，合伙人让渡了作业律师的独享权，为此，每个新加入的合伙人加入时对作业团队都有很高的期许，但是一旦到具体作业层面，就会产生多方面的不满或失望。虽然一体化机制本身会放大这种不满或失望，而且会永远存在这种不满或失望，这种不满或失望使作业质量管控成为一个永恒的话题、问题，同时，也成为管理的驱动力。但正如本部分第一点所述，我们要客观冷静地面对该问题，实际上对于作业团队的不满或失望，在绩点制或者合伙人联合体模式下同样存在。只不过由于一体化需要发挥作业团队的分工与协作优势而将该问题更加凸显。为此，我们就不能简单地认为如果是由合伙人直接管理，该问题就能解决。

由于该问题客观存在，我们就需要解决作业能力培养是放在律所层面，还是放在团队层面，以及各团队如何管控作业质量的问题。这应该是根本性的问题，否则，一体化机制的落地就很困难。在不断讨论中，兰台逐步建立了律所层面培训与团队层面培训相结合，具体作业和作业复盘等多角度、多层次的作业能力培养体系。同时，建立起了团队牵头合伙人、主管律师的管理体制，与案源人或其他提供协作的权益合伙人负责等交叉作业分配、审核与责任机制。

我们对于该问题的解决不遗余力，更不会放掉每个细节，比如作业质量如何把控。有一个律师写的备忘录中引用了一个省高院的规定，但这个规定其实是失效的，另外一家本地所的律师对这个问题做了说明，而作业律师并没有发现这个问题，这对律师作业而言是个硬伤。这样的问题如何杜绝？作业律师作业的精力、时间是否投入到位，写的内容是否符合相应的作业职级，是否有批评指正，是否与考核晋级奖励有关系？因此，谁负责作业质量？谁有能力负责作业质量？如何考核，真的是一个最核心的问题，每天都需要面对。否则，作业质量不过关，我们对客户的服务伤害将是无法计量的。作业质量是由案源人自己负责，还是由作业团队负责？

俗话说："买卖不托人，庄稼自己种。"这句话，在律师这个行业实践得尤为彻底。这也是合伙人联合体机制的优势所在。因为大家都认同，如果作业律师不能文责自负，而是让别人检查或考核，真的不现实，律所很难对每一份文件都进行审核。

在兰台一体化机制下，作业质量的控制有两个方面：一是作业团队负责，这就需要不断提高团队的作业质量，而如何管理作业质量，需要深度思考。比如，作业团队出错，如何为此承担切实的责任？二是由案源人或提供协作的其他权益合伙人负责。

在一体化机制下，作业分配、作业质量是管理的核心的核心，而且，永远是核心。

比如，某一个合伙人擅长开发客户，希望由作业团队完成工作，但如果客户一直感觉不好，即使有情感的维护，可能一单失误，就会让所有的努力付之东流。因此，兰台机制一定要在作业质效上进行透彻的回应。

首先，兰台需要从制度上，对作业律师的每一单作业进行考核。每一单作业，都是客户、合伙人的托付与信任。作业律师晋级时，对其作业质量、作业能力的考核，应该占比最大，而不是凭感觉、凭印象。否则，得到晋级的作业律师也不会对作业质量予以真正的重视，而是拼命地想着如何为自己的未来开发客户，将学习重点放在开发客户上，对作业质量持放任的态度。这样一来作业质量无保障，合伙人只会用脚投票。

其次，兰台需要从律师发展导向上对作业律师进行引导。那些作业质量优异的律师，不但晋级得到保证，而且会增加客户黏性，通过作业质量，为其日后客户的开发奠定最坚实的基础。这样，从发展导向、结果导向倒逼，让那些视作业质量为律师生命的人，成为律所的基础力量、中坚力量。

再次，从发展导向上，兰台要让所有的律师清晰、深刻地认识到，在兰台的成长与今后的市场开发中，只有不断提高作业质量，才是最佳的选择。作业律师依靠作业质量赢得合伙人的信任，赢得客户信任，最终通过客户迭代传承，一定会成为合伙人，成为强有力的市场开发者。反之，如果轻视作业质量，盲目开发市场，怠慢合伙人，这样的作业律师在兰台的发展道路一定是曲折的。

（三）作业质量是多方面共同作用的结果

作业质量把控的第一责任人是案源合伙人，这就要求案源合伙人即使在某一个专业领域上欠缺，也应该具有对作业质量的基本的评价能力，并且关注作业过程，关注作业结果，切实对客户负责。兰台曾有传闻，大家知道某一个合伙人要求严格，某团队合伙人在分配作业时会提醒这单是该合伙人的业务，要求大家小心点。这不应该是兰台机制的结果，相反，应该是我们警惕的。

作业律师就应当以提升作业质量、作业能力为本业，我们要有十足的定力对作业律师在作业质量与客户开发之间的权重做选择。合伙人不能只负责开发业务，不负责作业质量。很多时候，我们知道制度，知道要有定力，但是，到落实的时候可能会走样，会与制度设计的初衷背道而驰，这反映了我们落地能力问题。比如，在2018年总结时，一个律师因为给另外一个专业团队开发了一项业务，受到各种表扬和奖励，而这个作业律师的作业质量如何似乎被关心得不够。这种信息传达出来的影响是什么，显而易见。在2019年总结时，有些薪酬合伙人多次谈及客户开发的问题，如果不正确引导，不以作业质效、客户体验为重，那么，这些薪酬合伙人对团队的作业质量一定是放任或忽视的。

有人说，一体化机制是好，但要看是不是契合人性。人性是自利的。如果自利的人性能够在一体化机制中得到释放，得到有质效的引导，得到有约束的自由，有自尊的成长，有自省的培养，那么，这个机制就是好的，就能够落地。所以，人性选择问题要与制度的科学性、兰台的定力以及坚持相结合。制度必须是科学的。律师行业是一个人文行业。我们关注兰台机制以及作业质量，是在反复思考以下问题：

（1）什么人会选择兰台以及为什么选择兰台？这需要我们对律师市场上的不同专业背景、不同价值取向、不同作业习惯与偏好的律师进行细致、客观的分析，然后我们才能分辨，什么律师是可以加盟兰台、共创大业的目标律师。

（2）兰台机制决定了兰台怎样的发展速度？这需要我们对兰台机制的缺陷、优点进行多维度、全方位的评价。

（3）兰台机制能否落地，能否透彻地落地？这不但需要我们自己咬定青山不放松，更需要考察、借鉴这个市场上域内外律所管理的实践，向能者、善者、贤者学习，并具有路径自信、制度自信、文化自信、管理自信以及坚定的毅力。

所以，对于作业质量这一律所的生命线，我们要个案分析，任何一个作业质量问题都不能放过，但又要通过引导合伙人分配市场开发、团队建设、知识管理、作业质量把控等促进作业质量体系化、持续化。

（四）一体化机制需要文化为基础

兰台始终倡导“以同事为第一客户”的文化，其中的意蕴深刻：协作、协同、协力，是兰台生存之本、制度之基；市场意识、风险意识、竞争意识，是兰台律师从一个助理成长为合伙人所应该始终秉持的理念；阶梯式进步，清晰的晋级路径，最终共生、共赢、共享，是每一个兰台作业律师看得见的未来。而这一切都是“以同事为第一客户”的文化演绎、积淀、发酵、涵养所带来的。

在一体化机制运营过程中，每天都在面对问题、解决问题，文化的涵养为问题的解决提供了时间和包容度，没有这样的包容度，就不会有兰台这些年来在不断解决问题中的发展。

协作的基础是容错。如果某作业律师有一个错误，及时纠正是必须的，纠正之后是立即“处罚”，还是“放任”，或是其他，兰台对类似问题采取的是“制度化”解决方式。制度化的解决可能会让人感觉力度不够，但这样解决问题却让作业律师有预期。兰台构建的作业律师成长路径、评价体制，让协作富有张力，而这样的容错，对于作业律师的成长同样重要。

容错的目的是成长。兰台的容错是在不牺牲客户利益前提下的容错，兰台从合伙人到作业律师的体系建制让错误被最大限度避免，让错误被发现后能及时解决。兰台内部对这种容错也争论不断，有的合伙人认为，这样的容错没有力量，让团队丧失了危机感；有的合伙人认为，每一个错误都需要我们去寻找原因，是作业律师本人问题、作业流程问题、作业审核问题还是其他，对于确实是本人问题的，我们分类在评价体系内解决，对于流程或审核等问题，我们要在管理上解决。用简单的归因进行管理是最简单的管理，但也是最不负责的管理。

成长让“以同事为第一客户”内容不断丰富，生根发芽。客户永远不会“错”，那同事的错我们就需要在自己身上找原因，我们不是要抱怨，而是要建设性地解决问题。兰台“以同事为第一客户”不只是表面对同事需求的响应，不是仅在表面上把他人的事情当自己的事情，更意味着底层的利他思维以及不断建设性解决问题，而这一切都需要我们在不断交互过程中成长。

（五）倡导每一位作业律师具有“兰台”品牌美誉度的深刻意识

兰台品牌，是客户体验的总和。兰台需要根据作业质量、团队主管以及案源合伙人的评价，评选出年度品牌作业律师，并与其对应的职级相互检视，以观察其作业质量是否满足“免检”要求，并能够在每一个作业事项中，提升兰台的美誉度。

三、机制管理的进化

兰台一体化机制从2013年开始实施，从“统一收入、统一支出、统一收益率、统一配置作业资源”到合伙人二次分配，从作业律师职级晋升到数据化激励，我们在管理中不断解决问题，也不断思考如何更好地将一体化机制落地。对于管理而言，我们确实不擅长，很多管理事项都是通过进化的方式得以提升的。

（一）合伙人二次分配制度从提出到落地

我们从2018年开始提出合伙人二次分配制度，旨在指引兰台合伙人不断向好、向上发展。二次分配是在统一收益率的基础上，由合伙人在分配前根据创收再确定一个最低额与最高额之间的收入，纳入二次分配资金池。二次分配计算的考虑因素包括年资、合作情况、创收质效比、人才引进、合伙人对律所的管理、对外宣传以及知识管理，这些因素以及权重经过几次调整，不断降低年资的占比，同时，也不断明晰各种计量指标。在这些指标中，既有客观评价，比如质效比，又有主观评价，比如合伙人对律所管理的投入。

该制度从提出到成文到落地再到执行，经过了3年时间。其间合伙人会议和管委会多次讨论，比如二次分配指标是否过于细致，二次分配计算依据不同合伙人记录小时数标准不同是否不公平，再如创收金额未达标需要自己再行支付以确保完成最低收入纳入二次分配的合伙人如何执行等。这些看似琐碎的细节都需要不断结合兰台实际情况、目前数据获得的便捷程度、未来导向等多种因素进行反复推演。

二次分配短期效果可能不明显，但拉长时间就能看出指标对合伙人的引领作用，每一个指标都在指引合伙人向着市场上最优秀的合伙人看齐，且这些做法都会在二次分配中给予激励。

（二）合伙人与作业律师更好的协作路径

2019年，兰台开年就讨论了这个主题，因为兰台一体化机制下面临的最大挑战是作业分配与作业质量的落实、细化、深化以及分解。

我们观察其他律所的合伙人会议，或者年终总结会议，基本上是讲战略、讲情怀、讲格局、讲预算、讲分工、讲市场，因为只有这些大的方面的议题，才能够成为可以共同讨论的话题。在细致的、深度的作业领域，因为缺少利益上的牵连关系，在一般情形下是不会成为合伙人会议的议题的。

在兰台，因为机制的力量，成本承担是一个此涨彼降的关系。一个合伙人业绩更好，就意味着同一比例成本承担项下，其他合伙人会因此而更少地承担成本。因此，合伙人的彼此关切主要集中在作业质效、作业分配上。因为共享作业资源，所以合伙人之间、律师之间、合伙人与律师之间会水乳交融地交织在一起。因为集约化使用作业资源，就必然产生交集，就必然会产生有组织、有层次、有约束的协调，去解决如何配置作业资源才能使作业律师“人尽其用、人尽其才、人尽其能”；就必然会需要有体系、有文化、有艺术的管理，去解决如何触动律师的内心，实现“人尽其心、人尽其力、人尽其责”。

因此，在兰台的机制已经非常清晰的情形下，只有在更深、更细、更具体的层面上进行可操作性、可落地、可持续、可优化的实践，将作业分配以及作业质效管控好，才能实现规模扩张以及国际化，兰台道路才会越走越宽广。

不间断地提升作业质效，实际上隐藏着太多需要思考的问题，这些问题既包括机制导向，比如兰台一体化机制下的作业应该达到一种什么状态，才能使加盟兰台的人越来越多、主动离开兰台的人越来越少，也包括专业分工导向，比如兰台如何更加优化各个专业团队的专业领域，如何打破各个专业团队之间的藩篱以更便利、更愉悦、更通畅地进行合作；还包括管理导向，比如兰台集约化使用作业资源是否能够使律师成长得更快、生活得更愉悦；更包括人才流动导向，比如团队成员之间的流动，会给作业要素的组合以及优化配置带来什么样的影响。

经过5年以来的实践，我们得出以下结论：

（1）专业化分工是一个没有终点、始终在路上的过程，需要想方设法持续地优化、调适。

（2）跨部门业务协作是一个始终需要尽善尽美的过程，没有一劳永逸的办法，也没有点石成金的画笔，需要时时检讨、警醒、复盘。

（3）作业质效的稳定性是一个始终如一的追求过程，需要时时警醒、锤炼，减少不稳定因素。

作业分配是每天都在发生的事情，是每个团队都需要不断挑战的过程，作业的轻重缓急需要识别，需要对常规的、重要的、复杂的、紧急的业务进行分类，并在评价每一个作业律师的单兵作业能力的基础上配置作业。

总之，作业律师的责任、能力、用心、质量、效率、效果、愉悦、向上、向善、向强，是兰台一体化机制得以落地的基本保障。

从2019年至今，兰台一直以该问题为主线在不断思索和实践。兰台一体化机制在资源调配、集约化使用作业资源、让专业的人在做专业的事情方面有着明显优势，但在具体实践中，不同合伙人在这方面的感受不一，体验也不同。这里的原因有很多，包括合伙人不同的作业风格、不同的发展阶段等。同时，专业团队建设是一个持续的过程，部分业务在响应度、完成度等方面的问题客观存在，理想和现实之间的差距需要我们用方法和手段来实现，而不能只停留在抱怨层面。

合伙人在本团队内部配置、跨团队配置、跨地域配置作业资源时，应该使作业资源能够有效地对接、搭配，同时合理地配置人力资源，使不同专长及年级的律师的作业时间能够充分、合理地搭配。从理论上讲，专业的人做专业的事，可以有质效地、高性价比地完成作业。将一个律师的从业专长与作业内容紧密结合，可以最大限度地提升其单位时间内的工作数量、质量和客户体验。

为了实现上述目标，需要特别的管理以及付出，因为这两点并不是当然、自动实现的。因此，这两个特点可以说是一个理想状态，充分达到这个理想状态，至少需要解决以下几个问题：

（1）分配、承接以及安排作业的方式、优化程度以及如何更好、更快地使作业律师切入作业，如何确保每个合伙人的工作都有具体的负责律师；

（2）团队为合伙人服务的人数（服务人数导向）；

（3）作业律师的有效工作小时数（基于专长以较少的工作小时数高效完成作业）；

（4）作业律师完成的作业创收量（人均导向，同时，规定增加一个人，必须有相应的作业量的增加，即作业律师的成本控制以作业量的需求为前提）；

（5）同类化作业不断提炼、不断总结、不断提高效率的落地；

（6）以合伙人为牵引，不断提高预测、研发新业务的能力以及落地能力，作业团队与合伙人共同协助新业务开发的愿力、能力和执行力；

（7）团队之间可以进行有效的协作（协作次数作导向）；

（8）合伙人对作业过程管理的深度以及即时性，如何分配、承接以及安排作业，如何更好地使作业律师有质效地切入作业；

（9）根据不同业务类型合伙人及市场发展的需要，组建或者前瞻性组建作业团队的能力。

上面这些都是我们所面临的问题，当我们知道了问题所在，就知道了改进的方向和方法。我们都意识到了个体力量的微薄和组织力量的作用，我们都意识到了靠个体力量在未来市场上获得立足之地的难度越来越大。大家现在看到的和感受到的问题都是我们的问题，我们无须回避，我们现在要一起讨论的是如何解决这些问题。这需要我们所有人的付出和努力，没有人可以置身事外。

1.火车快不快，全靠车头带，作业配置层面的问题必须解决每个合伙人的意识问题

二次引导制度，从一些客观指标角度，引导合伙人的发展方

向，引导合伙人全面发展，成为一个受市场欢迎的合伙人，其实质是改革合伙人的意识，使合伙人的思维方式，更像一个合伙人，更有能力成为一个大合伙人。

我们需要按照规则办事。但是，对于很多事情，规则是没有用处的，而更多地需要依靠意识行为。比如，我们在开发市场的时候到底要去争取什么样的市场？对此我们是否做过甄别，或者是否有意识地在做甄别？我们对业务到底是战略性业务还是事务性业务是否有意识地区分？又如，对专业团队作业如何理解？出现作业律师响应不及时、客户不满、客户不再委托的情况，是不是都是作业团队的问题？对作业过程是否进行了有效的跟进？关于客户体验是否进行了充分沟通？客户的作业要求是否无衰减地落实到了作业团队？我们必须清楚，开心地干和带着怨气或者不情愿地干，结果一定不一样。我们是否反思了这些问题？再如，引导作业律师市场作业，我们现在职级制度中有相应要求，但目前落地仍然完全靠自觉，如此，高年级律师流失也是必然。高年级律师无法留住，作业就无法是一个良性的循环，我们该为良性循环做些什么？

如此，就提出了兰台的合伙人应该具有什么样的意识的问题。我自己想来，兰台合伙人应该具有的意识包括：

（1）规则意识；

（2）兰台一体化机制所要求的协作意识、诚信意识、团结意识；

（3）以身作则、自我反省、平和谦虚意识；

（4）传帮带以及陪伴意识（榜样的力量）；

（5）进取意识；

（6）独立性、参与性意识；

（7）智慧输出意识、落地意识，不仅要输出智慧，还要努力落实；

（8）危机意识、生存与成本意识、竞争意识。

合伙人意识，决定了合伙人的言行举止，决定了律师的发展与成长，决定了兰台管理能否实现与落地，决定了兰台的品牌与声誉。只有合伙人向善、向上、向强，兰台才能一步一个脚印，一年一个台阶。没有上述这些意识的合伙人，需要改变意识。改变意识，其实，就是一次自我革命。这是非常困难的。但我们非如此不可。非如此，我们就会在时间流逝中沉没；非如此，我们就会在残酷的竞争中消失。意识必须改革。谁不改革，谁就没有市场生存空间；谁不改革，谁就没有集体存在空间。

兰台合伙人的意识改革通过兰台合伙人行动纲领等方式不断落地。

2. 兰台一体化不能只盯着收益率一个指标，更需要合伙人“躬身入局”，解决我们现在所面对的问题

收益率是一个非常复杂的问题。收益率不是评价合伙人的唯一指标，每个合伙人如何在较高收益率的基础上成长、在成长的基础上可持续、在可持续的基础上可延展、在可延展的基础上得自由，是我们需要一直思考并一直在解决问题中寻找答案的事。

对于所有律所而言，收益率的计算是一个公式，取决于几个

变量：合伙人自己创收、合伙人集体创收、全所费用、合伙人自己的费用（包括是否承担几个助理以及项目本身的费用，是否需支付外所费用等）以及计算公式所设定的这几个变量之间的关系和系数。因此，每个律所在不同年度的表现都变化很大。去除所有因素之后，一个合伙人可以获得的净收益，与创收带来的比例，应该就是这个合伙人的收益率。

我们也不能回避现在的问题，即收益率不是衡量我们发展的唯一指标，兰台要努力在合伙人层面形成这样一种机制：

（1）在成长期的合伙人，借助兰台，成长得更快一些，即兰台要成为具备培育大合伙人的能力；

（2）在厚积薄发期的合伙人，借助兰台，变现更容易一些，即兰台有成为具备承接大合伙人业务的能力。

总之，要让不同类型、不同发展阶段、不同职业诉求的合伙人在兰台都能大放异彩。

我们的目标很明确，就是解决每个合伙人的成长性、持续性、延展性的问题。这个问题只有通过合作才能更好地解决，在统一收益率的基础上，能不能在二次分配机制的引导下更好地展开合作？也正是如此，兰台不断优化二次分配制度，不断通过公共案源等制度为初入市场的合伙人提供市场。

3.必须认清兰台现在的问题不是兰台机制的问题，而是理想与现实之间的一些矛盾，有我们自身认知的问题，也有很多由于管理不到位或者管理缺失而导致的问题

我们的机制应有的很多优势和特点是不能自动实现的，但无

形当中我们或多或少地希望这些特点能够自动实现，应然与现实的落差让我们有了错误的感知。同时，我们每个人必须把自己放到整体律师市场竞争的大环境下去考量，思考不同机制和律所的现状如何，通过这种不断的比较分析来矫正我们可能存在的认知偏差。对于这类认知偏差我们需要不断自省。

当然，我们更多地应该加强管理，通过不断地优化管理让理想和现实之间的差距越来越小，提升每个人的满意度。兰台目前的制度不多，但每个制度都需要再细化，抓落实，在运营中不断优化。从律所层面或团队层面，包括日常管理以及长期目标、产品设计、产品总结、产品管理、知识管理、工作安排、规范化作业等。对策就是加强管理。每个团队年终总结的时候，有几个指标是客观的，而且为保证公平起见，以人均指标为团队之间衡量的基准，这应该是一个我们一直努力的方向。

（1）作业量总额和人均额（包括人均创收以及人均有效小时数）；（2）服务的合伙人总人数和人均人数（考察的是协作程度以及受欢迎程度）；（3）团队之间协作的总次数和人均次数（考察的是破除部门壁垒以及人力资源的合理配置）；（4）总结或开发的法律服务产品总个数和人均个数；（5）提交给客户工作总结的总份数和人均份数（考察的是工作日志的规范性、可导出性、客户阅读体验以及合伙人二次引导制度的计算基数）；（6）团队微信文章的总数量、质量和人均数量；（7）归档的总数量、比率和人均数量、比率；（8）被律所采纳的管理创新的措施；（9）团队获奖的总业绩或案例以及人均业绩或案例。

我们必须认识到，合伙人之间的竞争应该转方向了，不再是简单的资源比拼，而是专业能力、专业标签、与客户的深度融合能力的比拼，而合伙人靠一己之力或者一个团队的力量已经不能再有效响应和满足客户的需求。

将来，律所应该转向内涵式扩张，不再单纯地比场地、比规模，而是比内涵、比作业质量、比作业能力、比市场的可延展性、比律师的发展、比收益率、比幸福度和全面发展性、比安全感、比如何轻松与如何勤奋、比怎样坚持与怎样创新。合伙人也应该对自己提出更高的要求了，市场在变、作业律师在变、科技融入法律的进程在变、法院和政府机关等都在变，作为律所发展引擎的合伙人，更应该与平台深度融合，彼此借力，彼此成就。

（三）管理要素调整带来的同频共振

兰台一体化的“统一收入、统一支出、统一收益率、统一配置作业资源”的原则并非绝对的，在发展过程中，管理要素也在不断调整，但内核是没有变的，即统一收入与统一作业资源分配。管理要素的调整更多考虑的是节约、公平等要素。在管理要素调整过程中，我们需要考虑政策的延续、稳定，同时也需要考虑现实要求；我们需要考虑这项政策能够为合伙人、为律所带来什么。律所的管理，就是要素的有机组合。在组合这些要素的时候，兰台一体化机制的本质要素不能变。需要调整的是一些能够刺激稳定性，带来一些震荡，进而带来一些进取因素的要素。

1.办公室分配优化以节约为最大考量要素

在2020年11月7日管委会第二次会议上，我们针对部分合伙人办公室常年不用，而新加入合伙人办公室亟待解决等事项进行了讨论，异常激烈。办公室的使用优化调整，从长远看，有利于合伙人成本意识的强化、市场意识的强化；从近期看，有利于律所办公室氛围的改善，提升合伙人的收益率。而且，应该不会引起过分的震荡。合伙人同频共振，需要律所不断进行管理要素的调整，通过管理要素的调整带来一些创新，带来一些改善。也许，这是一件应该做的事情，但是，大家仍然有意见，我们怎么办？是坚持做应该做的事情，还是回应合伙人反应，暂时搁置？如果这是一件不应该做的事情，就要提出来，讨论一下。

在一体化机制下，基于成本分摊方式的优势，对于权益合伙人而言，具有特别独到的吸引力，这是兰台一体化的本质以及发展的趋势所在。

我们都知道，运营一个律所的成本包括如下方面：办公室场地租金（包括作业律师和职能部门工位、合伙人办公室、会议室等），行政成本，各项经营管理费用以及品牌推广宣传费用，作业律师薪资，留存的发展基金等。

上述成本，兰台遵循“统一收入、统一支出、统一收益率、统一配置作业资源”的原则，极大地降低了各个合伙人的作业成本压力，提升了合伙人开发业务的空间。

随着兰台不断发展壮大，加盟兰台的合伙人日益增多，合伙人对办公室的选择，也呈现出多样性的趋势。除了结合兰台当前的发展态势，疫情客观原因，即将加盟合伙人的现实需求，在兰台不断精细化管理下的质效提升，环保办公、共享办公的同业趋势以外，还要特别考虑如下事实情况：

（1）兰台鼓励合伙人到所办公、陪伴作业律师，但确实有部分合伙人因市场或个人原因，一个月内到所办公次数少于10次，办公室空闲时间过长；

（2）合伙人办公室的配置和使用与合伙人的成本意识密切相关，合伙人办公室的有效、合理利用，能够进一步降低不必要的成本开支，促进收益率的提升；

（3）充分利用办公室能够形成良好的办公互动体验，最大限度减少因办公室空置而带来的消极氛围。

为此，管委会提议进一步优化兰台合伙人办公室的配置机制，具体如下：

（1）准确核算每一间合伙人办公室的使用成本（按照每平方米的单价计算），并向全体合伙人公布；

（2）合伙人办公室划分为专用办公室和共享办公室两种类型，各合伙人可结合自身实际按需选择；

（3）如选择专用办公室的，按照使用成本按年向律所支付费用，并由律所计入公共收入；

（4）如选择共享办公室的，律所不计收使用成本。

上述考虑，是在办公室需求不断扩大，超过创收增长的幅度情形下，兰台合伙人机制所带来的必须正视的问题。

2.驻场业务成本再讨论

在合伙人联合体或绩点制模式下，该问题根本就不是问题。但在以“统一收入、统一支出、统一收益率、统一配置作业资源”为原则的兰台，这是一个争议极大的问题。如果按照四统一的兰台一体化机制，驻场业务就应当是律所统一承担的成本，但该种方式实行几年后，也带来了新的问题，有不少合伙人没有驻场业务，而驻场业务的律师又无法过多地承担律所的其他业务，如果该类业务也全部由律所统一承担而享受统一收益率，就会有搭便车的问题。如何优化又不触及一体化的基础，如何既能实现相对公平，又能保证该类业务能更好地完成，实现驻场业务对于作业律师成长的助力以及客户黏性的维护，这些问题随着一体化的发展，因驻场业务需求增多等原因被提上讨论的议程。

在该问题的讨论过程中，我们还要兼顾特定客户的特定需求，比如政府法律顾问服务，驻场律师的服务方式是常态，而政府法律事务对于兰台不论品牌美誉度还是其他业务的拓展都起着非常重要的作用，为此，我们不能简单地从成本核算角度进行考量。为了让该问题的解决尽可能周全，管委会提前征求了相关合伙人的意见，反复讨论磋商，最终就该类业务的成本承担设定了律所与案源合伙人共担机制。该方式是对“统一收入、统一支出、统一收益率、统一配置作业资源”为原则的一体化在特定业务项下的补充与修正。

3.专业团队已经进行了专业分工，但是，专业团队没有做专业团队的事情，专业团队建设中的“挤出”和“吸纳”效应如何发挥

一体化机制落地的核心是专业团队的建设，而专业化需要专

业进化。具体而言，需要：（1）从律所、牵头合伙人、主管律师、作业律师四个层面，自觉进行自己的专业优化，自觉对标自己的专业方向、专业路径；（2）每个团队在招聘新人的时候，需要向人力资源委员会报告目前人力资源的使用情况，如果发现本团队的人存在进行其他专业作业的情形，则需要先进行本团队内部的人力资源配置调整（挤出效应）；（3）每个团队，一定要向律所、向市场宣示自己的专业方向，在这一领域，具有标签与引领作用，可以高质效地完成作业（吸纳效应）。

针对以上问题，每个团队都需要进行互相比对，进行深度的、专业的、长效的、务实的团队管理。

（四）管理的“牙齿”

我们在管理中曾经犯过一些错误，走过一些弯路，兰台的管理一直以最大善意为出发点，但我们将“应当”当作了“当然”，由于管理过程中没有抓手，因此依靠说教，不论对于合伙人还是作业律师来说都没有触动，结果是日复一日年复一年地没有变化。有提倡的指标，但不知道如何落实。我们内心也清楚管理的“牙齿”不是简单的奖惩，如今，兰台的管理有“牙齿”了，但并非一朝长成，而是这些年中形成共识，在共识的基础上不断优化。

1.工作日志与记录

兰台从要求记录工作日志到不记录工作日志有相应的管理措施，从有相应的管理措施再到管理措施的落地和跟进，这条路一走就是10年。可能会有人说，是不是执行力太差？仔细想来，并非如此。10年前，当我们按小时收费的客户还很少时，工作日志本身就存在很大争议。另外，不得不说当时律师行业发展的社会背景。受益于中国经济的高速发展，律师行业还处在快速发展阶段，没有人愿意花时间和精力去关注这些“不起眼的事情”。不少合伙人认为，记录工作日志对于作业无任何意义，律师是以结果为导向的职业。尽管律所以及部分合伙人全力推进，然而，没有达成共识的管理在落地时总是不力的。尽管未能达成全面共识，尽管有很多争议，但庆幸的是我们依然开始了在做的过程中完善，在做的过程中不断形成共识。这样一件事情，如今却成为兰台管理升级的最重要的基本依据和抓手。

2016年，兰台推行新的律师绩效考核制度，记录工作小时成为很重要的基础，由于工作小时与绩效挂钩，相当于从2016年开始对于不记录工作小时的行为有了管理措施。当时，争论最多的是什么可以记录为工作小时。基于兰台当时发展状况，为最大限度地助力作业律师发展，除收费作业小时外，学习、交流等均可以记录为工作小时。同时，年度工作小时数标准也是当时争议的内容，到底是1700小时还是1600小时？当时，兰台确定了1500小时的最低工作小时数。2016年的绩效考核制度为兰台工作小时的坚持奠定了制度依据，此后，兰台不断就工作小时记录的要求、系统等进行优化。

2020年，兰台先后发布《关于工作记录的说明》《关于工作记录的说明二》，在多年实践的基础上，确定了记录工作小时的要求，包括但不限于记录工作小时。以如实记录为原则，每天6.5小时的收费工作小时是基准测算值，以此来确定律师工作饱和度等。同时，确定了工作小时数以“可导出”为原则，即工作记录要做到可以直接转换为给客户的服务报告。

这件看起来不起眼的事情，却是兰台现在可以实现数据化管理的基础，尽管我们目前仍然不是所有的客户都是按小时计费的客户，但每天记录工作小时数已经是兰台人的习惯。工作日志还顺便解决了每日的自我反省，合伙人对作业律师作业的指导，因为合伙人会通过审核作业日志发现作业律师具体工作中的问题。同时，工作日志还成为团队可以即时反馈的沟通基础，如通过日志可以看出作业律师心态等方面的变化，合伙人可以给予及时指导。

2. 360考评

360考评从部分团队开始试行，2017年在全所推广。360考评比较契合兰台协作过程中需要大家主观评价的特点。从试行到全所推广，360考评每年年终举行一次，考评的要素每年都不断进行优化与调整，考评的结果最终根据自评和他评分数按照占比计算后确定总得分。

2020年1月初新修订的360考核评价引导表，包括了专业水准、协作、职业修养、乐业精神、展业愿力五个方面，每个项下再细分5个具体项目，每个具体项目打分区间为0—4分，评为0分或4分均需要说明理由。

2021年，360考评进一步优化，对于通过财务可以得出的客观数据直接在系统中呈现，而每个打分的人均可以看到被打分人的相关工作小时数等基本情况。如此，相对主观的360打分也有了相对客观的参照基准。同时，在执行360考评过程中，我们持续“抽油”，如自评环节有些人比较高估自己，可能属于参照系统出现偏差，我们需要介入管理进行纠偏。再如，他评人数不均匀，我们通过优化考评计分规则，尤其是对于新入职员工等进行纠偏。因为，我们需要有一个价值导向，鼓励积极协作，凡是受到欢迎的人，在晋级以及评优中，予以注意。另外，对于各个团队的评分标准不一，如有的团队牵头合伙人和主管律师给分偏高，有的团队牵头合伙人和主管律师给分偏低。我们通过给予一个基础分值，如低于70分或高于85分，应该给予特别说明等机制进行团队之间的拉平，这样就能最大限度地避免因评价人掌握尺度不一，出现分数高低不平衡的问题。

360考评结果的应用同样重要，360考评首先会应用在年终考评以及年终奖的确定上，其次会与律师晋级挂钩，再次对于考评分数极低，或者自评或他评分数差异过大的，我们会介入管理，并根据情况确定人员去留。

3.让数据说话

兰台一直倡导协作，事实上，不论团队之间还是合伙人与各团队之间的协作频次都非常高，但此前协作是否有质效，是否真正产生了价值，大部分时候是凭感觉判断。类似凭感觉的事项在兰台并不少，如很多人都说在忙，但到底是不是真忙，是不是忙得有质效，就值得深究。2021年年初，管委会提出，让数据说话，是为了给我们留下时间和空间，更长久地把一体化这条路走好。

2021年，为了年底能让数据说话，财务、行政、宣传等行政职能部门做了一系列的后台管理动作，从系统优化，到不断督促准确记录小时数，每个月绩效考核的深度落地等。2021年年底，兰台真正让数据说话了。基于2021年度作业律师OA系统中记录的工作日志、律所实际发生的人力资源成本支出，以及律所业务收入的财务汇算这三项核心数据直接计算而来，基本客观、真实地体现了律所当下各专业团队的作业质效。

在上述数据出来后，还有个别律师提出异议，是因为记录工作小时数不准确导致数据“不好看”。对此我们的共识是，记录不准确本身就是个人问题，对于类似原因导致的数据问题不做调整。作业质效考评，就是兰台实现“以勤勉敬业者为本”的过程。

用数据说话挺残酷的，因为没有了任何辩解的空间，通过数据看问题，看差距。数据至少可以回答如下问题：

（1）是不是有效工作，而不是凭感觉说忙。尤其是关注一下哪些工作时间是可以优化的，我们从这些数据中看问题，看是我们管理的问题，还是基础作业能力的问题，进而看看我们改进的空间和地方在哪里。

（2）是不是真协作了。协作小时数、协作项目、协作客户，这些数据会告诉我们到底协作了多少，协作和独立工作时间分别占比，横向协作和纵向协作是什么关系，协作中是否信息衰减了，沟通是否有问题。我们努力寻找有没有必须达成底线的工作方法，比如，彼此时间和精力的透明化，信息的同步，坚守时间底线等。

（3）服务客户是否真的贴心到位。客户的续约情况、客户深度挖掘等数据可以说明一切，尤其关注客户没有续约的原因。

（4）是否真的进步了。将每个人的服务内容拆分一下，传统的服务内容，创新和专项的服务内容，相比自己来说，哪些案件、哪些项目是弥补空白的。

用这些数字虽然不能说明所有问题，但可以作为衡量我们成长的标尺。不仅如此，数据还可以纠偏一些此前的认识误区，比如哪些业务是性价比更高的业务，哪些业务通过加强管理可以提升客户服务体验等。

在落地数字化管理中，我们避免了此前部分管理事项落地程度差点“火候”带来的问题，从数据生产前的深度介入，数据出来后管委会内部的反复商量，数据向团队公布后征求意见，再到就考核专门开会说明，以及针对作业律师的问题进行针对性回复，最关键的是年终奖等绩效的实际落实，均以数据为依据。

以工作日志为基础的数据倒逼，使每一位律师、每一位合伙人的心理发生了微妙的变化，使作业团队的打造更有针对性、更有狼性。原来靠感觉的管理因为有了清晰化的数据而更有针对性，原来情绪化引发的不必要的争执因为数据达成共识的效率越来越高。

制定好的制度，是一件难的事情；践行一项好的制度，是一件难上加难的事情；践行好一项好的制度，是一件无比困难的事情。自从实行兰台一体化机制以来，我们反复在引导、倡导，在释放最大的善意，但效果甚微。我们意识到，制度的精髓不在于倡导、不在于说教、不在于强制，尤其是律师业务这种良心活。制度的精髓在于对被执行者利益的牵引、拉动，在于将他们融入可以感同身受的情境中，在于与他们的进步及晋级、待遇息息相关。

一些人在工作落地过程中躲、推，是因为没触及他的利益。我们一定要想办法将每个人的利益与我们遇到并解决的问题结合起来，才能引起对方的重视，对方才能发自肺腑地尊重并执行。

一些合伙人在拿进来业务的时候，不考虑成本，成本比畸高。不是因为策略问题，就是成本畸高。这造成的后果就是优秀的合伙人不屑于与之为伍，便选择离开。

制度应该有以下逻辑特点，才能真正贯彻执行下来。

（1）基于方向的趋势性。都说一体化是方向，我们前行的方向应该是没有问题的。

（2）基于人性的合理性。如果只是文化与理念，讲究吃亏是福，讲究勤勉尽责，在落地与实践中必然会产生劣币，而且必然会产生劣币驱逐良币的后果。

（3）基于利益的自觉性。律师职业，本身就是一个世俗的职业。在此需要特别说明的是，世俗没有任何贬义，而且充满着赞誉。世俗社会是一个充满着喜怒哀乐、酸甜苦辣的社会，因此，必然也存在着你追我赶，必然存在着差异。兰台的制度，如果不能有根据、有数据、有驱动地辨识这种差异，并根据差异进行激励，愿力差的人就会因此寻找安逸区或者舒适的做法，愿力强的人就会因此而受挫。所以，制度本身必须自带可以辨识和可以奖惩的因子，促使律师因为具有利益上的自觉性而自我驱动。

（4）基于认真的落实性。越合理、越认真，才能越自觉。否则，制度就成为说教，也喊不醒装睡的人。如果制度不合理，我们越认真落实，距离我们前进的方向就越远。

分好蛋糕的问题，在中国律师行业的文化下，一直困扰着绩点制和一体化律所的发展。可以说，团队制因为核算单位小、利益不纠缠，所以较好地解决了这一问题。当然，这是基于现实条件下的解决。

一体化，因为是趋势，需要比现实更理想一点，同时，又不至于脱离中国律师市场的语境解决这个问题，否则，我们就不能发展好。一体化，是律师管理中最难的一部分，我们明知山有虎，偏向虎山行，一直在做这个最难的部分。

到底如何践行兰台的机制？到底如何发展，才能分好蛋糕？我们展现了赤子之心，展现了真诚，展现了对兰台未来的渴望和期许，但是，如何做，我们才能对得起我们的伙伴、我们的时间、我们的未来？如何做，才能搭建起一个有专业、有分工、有协作、有品质、有劲儿、有味儿、有趣的平台？

为此，这些年来，我们一直在探索制度的合理性，一直在探索如何既解决分工协作的问题，又解决一体化的弊病，使我们每个人都能够在这个机制内，有以下收获。

（1）基于平等的放心、安心和欢心；被需要成为一种荣耀，一种渴望，满足他人需要成为实现自我价值的一部分，因为这会使你的质效比显著提升，而不是推活、躲活。

（2）激发了内在的市场与竞争意识；指标评估、指标牵引、指标奖惩，使每个有自尊心的人（我相信兰台人100%有自尊心）渴望一个好的指标及与之相匹配的利益，这必然内生出来市场意识。因此，要求我们认真、持续地执行制度，不断地修正指标。

（3）有自觉的对错误的反省，有良好的对作业的体验，有持续的对客户的开发。

所有这些构成了我们探索好制度的内在品质，归结为一句话就是：制度要有力量，包括外在的约束以及内在的牵引力。否则，制度就是一纸废文。

这是一段跌宕起伏的实践历程。

第五章

一体化机制的文化基础

兰台一体化的主要标志是做到了人力资源，也就是作业资源的统一调度和配置，以品质如一地为客户提供其所需要的不同领域的法律服务产品。但是，也正是因为这样的机制与文化，在兰台模式的发育过程中，因为一体化、因为互相交集、因为互相协作的机会比合伙人联合体下的律所多，所以，出现的问题就多、就频繁、就激烈。我们既要有解决问题的信心、决心、手段、方式以及措施，也要正确地认识这些问题发生的原因以及问题的性质。在第四章“一体化落地管理的样态”中我们既讲到了看待问题的客观与冷静，也初步勾勒了这几年来兰台在实践中遇到的问题。

在一体化机制下，特别考量人与人之间如何相处，是一种什么样的氛围，如何磨合、结合、融合、黏合，如何群体奋斗，如何群策群力地做好兰台。兰台是每个人的兰台，兰台是大家的兰台，兰台是我们安身立命之本。打造好兰台，时间精力多投入一点，切实地让大家看到每个人在为这个平台努力的身影，那么，我们的发展也会更好一点，收入更多一点。

文化是一种混合物、一种化合物、一种气息、一种感受。一体化的特点是人人需要盘根错节地交织在一起，相互协作、相互成就。比如，我们向一个律师寻求作业帮助以后，我们自然就会从他发来的邮件中，从文件的命名到邮件主题，感受到是否职业化。兰台律师的职业化，是有气息、有形象、有品质的，是一点一滴地积累起来的。职业化的一个优点就是注重细节，而且知道什么样的细节应该学习，如何学习，并在日后的工作中予以改进。有些事情，需要投入时间学习；有些事情，看一眼就能记在心里，并在今后的工作、生活中予以注意。比如，文件的命名规则或者邮件的主题，是看一眼就会的。“某某金融租赁_船舶搁浅侵权案__兰台_20160318”，这样一个文件名，基本要素已经具备了，但如果完善一下就更好了，比如可以是“某某金融租赁_船舶搁浅侵权案_分析意见_发送稿__兰台_20160318”。这样的文件名，便于查找，便于比对，便于客户阅读。此外，还有邮件主题。现在邮箱已经成为我们的移动硬盘，因此，将邮箱中的文件管理好，及时归档不必要的邮件，通过主题管理同一个法律事务的邮件，会给工作带来便利。邮件中我们的签名档是否统一、邮件开头的称呼以及其他职场用语是否规范，都是我们应当注意的细节。这些细节，可以从同事发来的邮件中学习到，但是只有用心才能用好。

兰台倾尽全力进行一体化管理和尝试，到底是为了什么？在利益分配方面，兰台目前在薪酬合伙人（含）层级之下，实行的是透彻的、全面的一体化管理，这种透彻的、全面的一体化管理，到底有什么优势在第二章已有所论述，并且随后论述了给管理带来的挑战。这种一体化的优势，除了需要通过管理实现之外，还需要在文化方面进行独特的探索，才能更彻底地实现。

从宏大的视阈，到细节的体验，从规模的扩张，到单一作业的完成，一体化同样也带来文化上的挑战。挑战同时也是机遇，我们对兰台优势认知一致之后，在理念上也需要一致，继而在行为方式上一致，进而促进机制发挥良性作用，具有包容、过滤、优化的能力。

基于对一体化的认知，兰台文化不断生长、演绎和演变，基本围绕人与人的关系以及客户服务展开，同时，兰台的文化不是停留在口头上，而是浸润到了工作中，不论宏观思考或是细节展开。兰台的文化可以表述为简单、尊重、分享、专业与协作，但这些文化我们又拆解成了如下的具体文化措施让其落地，而不是停留在高高举起。

一、以同事为第一客户

"以同事为第一客户"要求兰台人对待同事的事情上心、费心和贴心，在信息完全透明的情况下，让身边人放心并不是件容易的事，我们需要不断思考和改进反馈和跟进是否及时，反馈方式是否妥当。及时妥帖地响应，响应后跟进的闭环回应才能让同事感觉到你的上心和贴心。

"以同事为第一客户"要求兰台人对待同事的事情用心和费心，律师干的活，很多时候是良心活，但是否用心，合作的相对方最有发言权，是否竭尽所能，还是外交式的回应，我们彼此都能感知。所以，不是尽力而为，而是全力以赴，这样才能让同事感觉到你的用心和费心。

上心和贴心在一定程度上是态度问题，用心和费心在某种程度上是能力问题。我们要保障“以同事为第一客户”落实到每个案件、每个细节中，除了文化倡导，手段就是缔造专业的团队，专业的态度，专业的能力。

兰台反复强调“以同事为第一客户”的文化理念，尤其是在专业写作领域，让这种文化理念不断演绎和演变。专业写作应当是全方位的理解，包括但不限于每个案件或项目的所有法律文书等。我们今后做的案件或项目，方向是因为专业而胜出。而只有“以同事为第一客户”，我们才能做好专业分工与协作，才更能稳定地通过专业胜出。否则，专业胜出不能稳定，专业分工就是一句空话。而“以同事为第一客户”就将沦为口号。

为缔造一支靠专业胜出的团队，我们必须有一些除了管理措施以外的兰台“风俗”。比如，通过微信文章这条线，串联起作业能力的提升、知识管理（至少是知识梳理）和推广宣传。这三者如何有机组合在一起呢？作业的时候，对于每一个法律点，我们都要求作业律师做到求真、求全、求细、求深，不断提升作业质量；同时，也可以总结出一篇好文章来，据此进行知识梳理与相应的档案管理，也能不断在市场上发出声音。同时，在投标的时候，这些文章汇总起来可以向客户展示我们在这一领域的力量。

这样不断写作，表面上积累起来的是作业能力的提升+知识管理（至少是知识梳理）+推广宣传，而背后更会缔造专业的态度。

过程中，兰台应该有这样一种团队带领的文化氛围：定好标准，做好考评，言传身教，内心深处的尊重与认同。其中，言传身教及内心深处的认同与尊重，是对于合伙人的要求；定好标准、做好考评是对律师的要求。带好一个团队，带出一个好律师，是合伙人与律师的良性互动过程，这个过程越多互动，越多交流，效果就会越好。比如，标准问题，有作业标准，有文章标准，还有客户意识标准，更为重要的是，在一体化制度下，协作或以同事为第一客户的标准更加重要。

我们不断地通过“以同事为第一客户”的文化理念指导具体工作，并通过具体工作的历练，不断丰富和加深我们对“以同事为第一客户”的文化理念的理解，如此，生生不息。

二、团队作战

律师是需要时刻保持警惕的职业，没有常胜将军，可能一秒前我们还在为一个案件的胜出而雀跃，当下就因为另外一个案件而焦心。从这个角度讲，很像在一个个战场，我们需要拼尽全力打赢每一场仗，不能懈怠。孤胆英雄式的胜出已经越来越难，市场更相信团队的力量。

兰台的一体化，“团队”力量是核心。“团队”不是人的集合，而是一支支敢打硬仗、能打胜仗的专业力量，也是人人都敢于当主角，也都甘于当配角，甘为人梯，彼此成就。现在，大家都在强调团队，兰台团队的文化基因中注入了“作战”文化。

在任何一个专业领域，兰台都并没有绝对领先的力量，我们要想向绝对领先迈进，就需要开创一个个空白领域。如果只是一支打常规战的团队，我们只能循规蹈矩地前进。基于兰台目标，我们需要的是一支支能打硬仗的“特种兵”。而缔造这样的团队，需要文化的注入。

是不是专业团队，有一个特别重要的指标，就是承办过多少个不同合伙人的案件。越来越多的合伙人愿意开发某一个专业领域的案件，就说明这个专业团队建设得好。各位合伙人在开发某一个专业案件的时候，先想到的不是赚钱，而是我们的专业团队能不能干好，不能最后钱没挣到，还把客户丢了。

兰台对“团队一致”的认知：团队必须有一致的目标，这是前提，我们围绕目标可以有争论，但目标就是方向；团队成员之间，彼此认可和尊重是前提，而这需要互相付出，看到对方的优点，宽容对方的缺点；团队决定的事情，必须坚持，不能一阵风，否则就会影响士气；团队需要在业务上打胜仗，拿下一个个新项目，这是团队可以长远发展的保障；专业团队的打造，除了每一个作业律师在专业领域的坚持和付出以外，还需要顶层设计，即体系化的管理措施和律所各项制度的支持和保障，也决定了专业团队能走多远。

敢于知难而上、善于运筹帷幄、甘于协作配合，有精神、有担当、有组织、有规划、有目标，才能够称得上团队。

文化无须贴在墙上，而重在日日践行，离开团队作战的文化，或许我们依然会优秀，但绝对没有办法于卓越处求卓越。

三、专业主义

兰台从建所之初就一直向往，一直倡导，一直践行专业主义。现在，兰台的专业主义文化已经内化成兰台专业团队的日常工作，这种文化，既有氛围的搭建，也有量化的考核。

兰台应该有这样一种写好字的文化氛围：勤勉尽责地做好每一件事情，码好每一个字，并将这些成果适当、及时地外化（比如通过微信平台或者刊物发表）出去，可能会使我们前进得快一些。其他律所中可能只有一个或几个有主动性的律师去这样做，而兰台是根据制度要求各个团队整体去这样做，这就是一体化的力量。

兰台应该有这样一种建立专业门槛的文化氛围：专业团队与专业门槛的建立是一个始终在路上的过程。垒门槛需要的砖就是一次一次认真的作业，一次一次对认真作业的微信总结。有两种垒法：一是胡乱地堆砌，但也比不垒好；二是在合伙人的指引下，有章法和目标地垒。我们需要有章法、有目标、有指导、有推广地垒门槛，建立兰台独具特色的专业领域的推介体系。兰台专业领域的推介，不应仅仅是“过往业绩”，还包括通过成体系的文章推介等建立起来的影响力。

比如，劳动团队专业门槛的建立就一个主线：“打造劳动法第一团队的影响力”（建门槛）。手段就是写微信文章。其他的讲座、百问百答、大数据、专著、诉讼案件的问卷等，都是微信文章的延伸和变异。写微信文章，就是一个过程，一个建门槛的过程，一个个体成长的过程，一个个体之间交流的过程，一个形成团队影响力（门槛）的过程，一个专业气息不断散发的过程，一个和客户不断深入沟通的过程，一个形成稳定产品质量的过程。这个过程，因为移动互联的存在，变得可以坚持和有趣味，客户、同行、伙伴的每一个点赞都是对团队一点点进步的莫大的鼓舞，也因为移动互联的存在，使得知识管理这件枯燥的事情，变得不需要通过检查和约束来实现，而是因为激励而做得更好。在这个过程中，因为成功、挫折等原因，都有可能让我们迷失，但只要不忘通过微信打造影响力（建门槛）这个初心、这条主线，就很容易校正，并且越走越宽广。打造影响力（建门槛）的路径有很多，大家都有聪明才智，但不能离开两点：不能离开移动互联这个几乎和水、空气一样重要的工具；作为一个以写字为生的职业，不能离开好好练习写字（今天对于律师而言是一个好好练习写字就可以成功的时代；而对于一个团队，是大家一起有规划、有组织地好好练习写字就可以更快成功的时代）。

兰台应该有对专业一致认知的文化氛围：以客户需求为中心，满足客户需求的才是专业，所以，我们需要在各个专业领域找准客户的痛点，了解客户的愿望。没有管理的专业不是专业，专业需要我们从专业知识、专业技能、专业视角、专业格局的不同维度去管理，不同的层次管理方法不一样，这样的专业才能创造价值，这样的专业才能真正有门槛。专业需要呈现，从法律意见书、法律服务报告到书籍、培训，积累起来后，专业本身就是宣传。

四、合伙人的陪伴

兰台一体化机制，需要合伙人的陪伴，陪伴兰台，陪伴兰台的每一个作业律师。兰台应该有这样的一种人才价值文化氛围：任何一件事的成功都是建立在找了对的人，办了对的事的基础上的。我们拿什么和先进比呢？能比的就是我们现在所坚持的一体化、专业化的团队力量。我们的合伙人所依赖的力量就是我们的律师。律师在任何一个一体化的律所里都是最为宝贵的财富。

兰台经常思考，如何在内部做好一个合伙人，如何处理好合伙人与作业律师之间的关系。我们提出了作业律师要“三要三不要三注重”，合伙人要“一个重心三要三不要三有”，是一种处理关系的规则，更是一种文化导向。合伙人除了需要在某一个或两个专业领域或市场意识方面能够为作业律师进行切实的指点（无论是专业上的指点还是客户意识的指点）以外，还要起到引领作用。引领作用是指引领与导入的作用。每个专业团队的强弱以及组织协调性，都取决于我们每一个合伙人的作业能力、作业风格以及作业水准。在兰台，合伙人也可以只做市场，需要注意的是，在具体作业的时候，要根据作业的难易复杂程度，匹配好不同的专业团队或合伙人。

总之，合伙人要根据自己的特点，在专业团队建设上，或者发挥专业作用，或者发挥市场意识作用。在这两个方面，通过每一件作业，切实提升作业律师的专业能力以及市场意识。兰台现在践行的一体化机制，就需要在不断修正、不断创新中突破。兰台的一体化机制，尤其希望争鸣，希望每位合伙人的心胸、格局、眼界都放开一些，不求全责备，而宽容理解；不必思想一致，而殊途同归；不再单纯指责，而切实行动；不求丰功伟绩，而寻一点一滴；不吝聪明才智，而需倾尽全力。

一位兰台合伙人说，作为律师初入行时，遇到了好几个合伙人，他们都是好师傅，对他这个年轻人传道授业解惑，一个文件一个文件地修订，一个案件一个案件地讨论，都很少否定他的想法，哪怕他自己都不好意思讲下去。但是他收获了自信，他认为这是律师最应当具有的素质。

兰台需要培养这种除了工作、工资之外的关系纽带，这就是文化的引导。

每一位合伙人都需要在理念、习惯上具有三个方面的维度：善于使用作业律师、恰当使用作业律师；对作业律师高标准，严要求；通过制度、文化、细节之处的体贴激发出作业律师的内在愿力。这三个方面是相辅相成的。

每个合伙人都应该意识到：鼓励律师发表自己的观点，激励律师穷尽心智干出能够出彩的活，通过文件给予作业律师切实的指导，尊重作业律师的劳动成果，这样共同努力之后，我们才能逐渐培养出能够干好活的律师，并且能够留住律师，吸引兰台外面的好律师加入进来。

作业律师是兰台的宝贵财富。为聘用一名作业律师，兰台从招聘、培训到薪酬待遇等，都在不断提升，投入了相当多的精力与物力。为此，我们首先需要尊重、善待作业律师，在每次分配作业任务的时候，尽可能地交代清楚、指点到位，并在满足客户要求的前提下为作业律师争取恰当的作业时间。其次我们一定要对作业律师高标准，严要求。对于作业律师不能一视同仁地严格要求与考评，就是对律师不负责任，就是在懈怠我们的客户，就是在人为制造管理差异，就是对自己不负责任，就是在浪费兰台有限的资源。最后我们要打造勤勉尽责、尊重体贴的文化。律师最终都会与我们一样，或者成为兰台的合伙人，或者成为兰台可以一直合作的薪资律师，律师都是我们的兄弟姐妹，甚至是我们的孩子，我们真心希望每一个人都好，唯恐倾尽全力尚不能顾全万一，唯恐殚精竭虑尚不能提供切实的指导，唯恐穷尽心智尚不能助力一二，唯恐倾心倾听尚会伤及人心。任何一位我们希望留下的律师离开了，我们首先需要做的就是自我检讨。

当合伙人是最早上班、最晚下班、改文件永远最细致、要求最高的人时，团队就不会差。所谓强将手下无弱兵，当团队战斗力不强时，合伙人首先应该反思自己。

这应该是兰台合伙人与作业律师之间的文化、气氛以及习惯。

五、宽容文化

兰台应该有一个对制度漏洞、对情怀与格局正确认知的文化氛围：规避制度设计上的漏洞意味着一定要修订制度吗？通过讲情怀、讲境界、讲规划、讲目标、讲路径、讲措施，能够解决每天发生的问题吗？

兰台必须往前走，必须发展，通过发展来解决问题。因此，需要每一个兰台人宽容。宽容不是对缺点的视而不见，不是退而求其次的妥协。宽容是我们在清晰目标后深知有些问题的解决需要靠发展后的豁达；宽容是我们在彼此合作过程中遇到难解争议时设身处地的冷静思考和面对；宽容是我们面对同事缺点时的理解和包容。

兰台之所以将“宽容”作为律所的文化，是兰台的发展需要每个兰台人用更长远的眼光去看待、去奋斗，因为我们就是在解决一个个全新的问题，争论每天都在发生，没有这种宽容的文化基因，我们会没有耐心等待小树成长；没有这种宽容的文化基因，去面对协作过程中的冲突，我们就会没有爱心去理解彼此的好意。

情怀、文化是无时不在、如影随形的。兰台对文化的理解是：文化就是文化，不是理念，是比理念更有氛围的感觉；不是规则，比规则更细致；不是拘束，比拘束更自觉；不是习惯，比习惯更能使人自然自在。它是一种沁人心脾、导入人的灵魂与血液的各种因素的综合体，而又影响着各种因素。所有的文化，必须建立在良性规则的基础之上；所有的团队建设和规划，也必须建立在良性规则之上。

一家律所追求什么，就会选择什么样的运行机制，一家律所的运行机制直接决定了这家律所的开放性、扩张性、包容性以及稳定性，也决定了律所的气质、文化、作业稳定性、质量以及等级，还决定了律所对合伙人考评的指标、维度，以及合伙人之间的切合度、连接度。

兰台文化的涵养不是一句虚话，而是依托统一收益率的经济基础，以协作为主线的专业主义文化。我们追求简单，简单到我们只需要做好事情，就可以获得好的评价，无关其他，只要做好事情，就有清晰可呈现的发展路径。

第六章

一体化机制的组织管理

专业团队在建设过程中要不断优化制度，制度包括硬规则，比如律师晋升制度、绩效考评制度、薪酬制度、作业评价制度等，也包括软实力，比如文化引导、发自内心的喜悦、深入人心的关怀等。同时，基于一体化机制下的作业分配制度，专业团队可以持续有同质化业务让专业不断精深，而基于不同专业团队发展阶段等不同，团队建设之间的彼此借鉴和彼此参照，让团队建设既“百花齐放”又“殊途同归”。

管理团队不是一件容易的事情。兰台目前在北京有13个专业团队，每个团队需要具备升维布局、降维被打击的认知能力以及迭代创新的能力。团队管理不只是作业管理，而且是综合管理，每个团队要做好情绪管理（既要快乐一点，也要焦虑一点），做好目标管理（既要近一点，也要远一点），做好愿力管理（既要激情一点，也要持续一点），因为集约化而使作业成为一件让律师感受到愉悦、尊重的事情。

在专业团队建设方面，兰台不会限于13个专业团队，而是不断在团队内部孵化团队，比如破产小组在争议团队；或者通过设立中心，由虚拟团队变成实体团队等方式培训团队，比如法律顾问服务中心、数据合规研究中心等。兰台致力于让专业团队不断生长、演进以及随着市场变化而变化。

一、组织架构与团队管理

没有组织架构就谈不上管理，兰台在专业团队的组织架构构建上经过了几年时间的探索。“兵熊熊一个，将熊熊一窝”，如何让专业团队与合伙人配合无缝隙，我们进行了仔细斟酌。

（一）牵头合伙人是权益合伙人，在团队管理中只有义务，没有特殊权利

一体化前期，兰台的专业团队管理基本由该领域的权益合伙人负责，这些权益合伙人大部分都是在兰台工作多年的合伙人，对一体化机制深度认同。这样既保证了专业团队在该领域绝对的专业水准，又确保了团队的稳定性。

随着兰台权益合伙人的增多，仍然由权益合伙人负责日常管理的专业团队模式带来了很多问题。比如，其他非该领域的权益合伙人会犹豫将工作交给该专业团队是不是必须得与该权益合伙人合作；非该领域的合伙人会有这样的担心，由于自己不直接主管该团队，其工作是否会被劣后安排等。为让所有权益合伙人在团队管理上尽可能平等，原来主管该团队的权益合伙人经合伙人会议选聘为牵头合伙人，牵头合伙人在团队管理中不享有任何特殊权利，而是负责团队整体发展战略、专业方向等。

（二）主管律师是兰台的薪资律师，在作业分配上起着枢纽作用

原权益合伙人从日常管理中退出，从作业律师中选拔合适的律师担任主管律师。由于主管律师是授薪律师，其不对某个合伙人负责，而是对兰台负责，由此便解决了由权益合伙人分配工作带来的可能的不公平。

但是，由于每个团队发展的阶段不同，主管律师的选拔并非容易之事。每个团队的主管律师，不论专业、公心还是沟通交流等能力，均需具备高效、集约化分配作业的能力，为此，各个专业团队配齐主管律师用了两年左右的时间。如果暂时无法配齐的，仍由该专业团队的牵头合伙人负责日常工作的分配，但如果只是负责日常工作分配的，其他非该领域的权益合伙人不是必然与其进行业务合作。

（三）跨团队的协作需要构建制度化的机制，“牵头合伙人会议”以及“主管律师会议”的常态化让横向管理高效、便捷

兰台大量的业务需要跨团队协作，此前跨团队协作基本通过牵头合伙人、权益合伙人或主管律师之间的“私交”等非正式关系予以润滑，该润滑当然重要，但是兰台专业团队规模在发展，不断有新的权益合伙人加入，用这样的方式不能解决新加入合伙人的业务安排，我们需要制度化解决问题。为此，兰台建立了

“牵头合伙人会议”以及“主管律师会议”，及时解决跨团队协作中的问题，同时，也讨论日常管理中遇到的问题，彼此借鉴，彼此启发。

（四）其他权益合伙人应当加入某专业团队，并根据团队情况承担培训、宣传等团队公共管理职能

不同专业团队权益合伙人的人数不同，为了让权益合伙人与团队有体系化“相伴”的机制，同时，也为了最大限度激发权益合伙人的积极性，其他权益合伙人加入某专业团队需要承担部分团队公共管理职能。该制度的落地非常考验牵头合伙人的格局与管理能力，因为真正将其他权益合伙人通过该制度团结起来是需要花费时间和精力的。

（五）团队周例会制度是团队日常管理的抓手

律所层面对于团队周例会的会议时间没有做统一的管理要求，每个团队根据各自的情况在周一、周五或周日晚上等时间召开。每个团队召开周例会的形式也是各有特点，但不论是日常工作通报、典型案件讨论，还是重点问题改进等，均将日常事务以周为单位快速解决，每个团队的周例会会议纪要同步抄送人力资源部门与管委会。对于每个团队都会发生的一些事项，律所根据情况决定是否有必要从律所层面解决。

所有团队建设都面临着两个核心问题：一是作业律师的成长发展问题（获得感和幸福感）；二是作业质效以及客户体验、合

伙人体验问题。

为解决这两个方面的问题，需要分析团队的专业特性，并根据专业特性来制定每个律师的岗位职责以及协作分工。

比如，争议团队，现在按照业务特性分为商事组、民事组、执行组、仲裁组。这种分工方式解决了专业范围的一些问题，但是没有解决以下问题：一是执业律师是否都可以面对客户，面对合伙人？在这种情况下，职级标准还有什么意义？二是如何更多地发挥高职级律师的作用，使面对合伙人以及面对客户的人都是高职级律师，提升客户体验？

为了解决这些问题，是不是可以改变分组方式以及作业流程。比如，将分组方式和作业流程修订为若干个业务组，每个业务组由一个成熟的高职级律师和两个低职级律师或助理组成。这样就可以避免无论什么样的案件，一个高职级律师都从阅读材料到形成分析或争议材料，一条线跑到底，没有任何配置自己时间和精力的余地，也就没有配置智慧的余地，导致其可能同时只能处理3个案件。而如果高职级的律师带两个低职级的律师，由两个低职级的律师完成基本材料的准备工作，高职级律师负责定稿以及负最终责任，则其可能同时处理10个案件，还能极大地提升作业质效及客户体验，也使低职级的律师有了一个缓冲空间。

类似这样的微小管理调整在兰台专业团队建设中持续地进行，从而让专业团队更有体系化地发展。

二、用同质化业务“养大”作业团队

判断作业团队是否专业的标准可以很简单，可以简化为处理该业务领域的事务数量，以及处理完相关事项后是否进行了归类化管理。从这个角度讲，没有大量同质化的业务，专业团队很难真正建立，律师的成长注定是需要以经验累积为基础的。

兰台一体化的作业分配机制不是以团队人数取胜，而是以“专业”制胜，靠某一个或几个合伙人有持续不断的“同质化”专业业务，需要该合伙人本身就是该专业领域的律师，并且即使这样，同质化业务的连续性等也会存在一定问题。兰台统一收益率的机制让兰台所有合伙人的同类业务可以归入相应团队，这就解决了大量同质化业务的问题，而专业团队只需要高效地完成事务即可。同时，专业团队通过处理同类业务不断地专业化，也能反哺合伙人开发该领域的专业业务，如此，形成良性互动。当然，同质化业务“养大”专业团队是需要有意为之的，任意发展的同质化业务不足以成就真正的专业团队。

（一）专业团队建设需要在专业之外持续做一件事

要想真正缔造一支能打仗的作业团队并非易事，只做好每一项具体业务不足以成就真正的专业团队，因为不论在绩点制、合伙人联合体还是一体化机制下，做好每一项具体业务都是律师的本职工作。

经过10多年的实践，我们认为，作业之外持续做的一件事情可以总结为让无形的法律服务“被看见”。不论是写书、培训、写文章、参加论坛等，都只是“被看见”的手段，这些看起来简单的事情，真正做到的人并不多，尤其是持续不间断地做到更是少之又少。如果以组织形式来做，难度更大。因为做这样“一件事”并不能像做一个业务一样立马看到效果，甚至很长时间内都看不到效果。

兰台持续做这一件事情经历了从部分团队开始再到有意识地整体落地，这也正是兰台一体化的好处，部分团队可以先行先试，试错成本比较低；而试行后如果认为可行，则其他团队可以快速借鉴落地。

为了让每个人都加入“写”的行列，在兰台，写微信文章是纳入日常绩效考核的，根据协作的情况由团队及考评委员会打分。每年年底，兰台有10个微影响奖项是根据微信文章评出的，根据阅读量、转载量等数据客观得出。从2020年12月开始，兰台启动“兰台法务大讲堂”，设计了系列课程，通过微博直播等形式推出，从第一期的公司法务系列到第二期的合规系列，每两周推出一次，从无间断。

同时，兰台这些年以律所名义出过多本书，其中，《企业法律顾问实务操作全书》已经再版两次，这本书集中体现了兰台一体化的协作。

在做好业务的同时成系列地做好上述事情，“被看见”只是结果，兰台更看重在这个过程中养成的习惯，习惯于通过记录的方式雕刻成长，习惯于在本职工作外深度思考。无心插柳柳成荫，但在专业团队建设上更需要有意为之。

（二）专业团队的复盘文化浸入血液

凡是重点项目（包括新项目）、凡是重大失误、凡是重大成功等事宜，专业团队或项目团队均需召开复盘会，复盘会通常由项目负责人召集并组织，必不可少的会议内容有目标回顾以及再分析，包括分析客户期待与我们此前认知期待的差异，项目过程中专业、组织、效率等做得好的和不好的方面，尤其是做得不好的要重点分析，找出具体原因并拿出解决对策。最关键的是必须总结出值得推广且可复制的经验，该经验要融入类似工作流程中，要列入重要工作检查清单。

以我们最常见的事务性投标为例，团队经验不是简单的口口相传，而是转换为可操作、可跟踪的工作检查清单：

项		标书要求具体内容	进度计划	说明
保证金	有 / 无	账户 + 截止时间 + 递交方式		
搜集资料	业绩	近____年		
		行政机关 / 事业单位 / 国企 / 其他		
		合同 / 中标书（彩色扫描件 / 黑白复印件）		
		其他证明形式，如“非申请单位出具的业绩证明”		

续表

项		标书要求具体内容	进度计划	说明
	简历	确认成员		
		执业年限 / 从业年限		
		身份证（彩色扫描件 / 黑白复印件）		
		执业证 / 实习证		
		学位证		
	特殊			
编制	格式	文件排序 / 标题级别 / 字体 / 字号		
	方案	要求		中期完成
		评分因素		
		合同内容		
	整体框架			注意标题突出响应评分各项要求
	业绩 / 简历			预留空间
	特殊要求	如单独制作《声明书》		
		《授权委托书》是否单独提出		
	页眉			
	页码			核查
	目录			

续表

项		标书要求具体内容	进度计划	说明
	报价			注意规则
后期	打印	正本____本、彩印 / 黑白		
		副本____本、彩印 / 黑白		
		其他		
	盖章	申请书 / 声明书 / 授权委托书		提前预约
		业绩证明 / 团队成员 / 所有文件页		
		正本 / 副本		
	签字	法定代表人签字页		提前预约
		授权代表签字页		
		逐页签		
	装订	单方文件		
	电子版	U 盘 / 光盘		
	封装	____个文件包		
		封条		
		密封章		
		内层封套		
		外层封套		

（三）专业团队要有迈门槛与建门槛的勇气和能力

律师作为专业人士最终靠专业赢得客户，但我们却不能保证对所有的专业领域都熟悉，为此，专业团队除了需要有能力将

“同质”业务不断优化之外，更需要不断面对“新知”，遇到新的问题要有“迈门槛”的勇气和能力，更要有通过大量同质化业务不断优化后在该领域“建门槛”的勇气和能力。

在这方面，团队牵头合伙人起着至关重要的作用，这也正是该领域合伙人作为团队牵头合伙人的好处。一方面，该合伙人自身素质比较高，能看到行业里最新的发展态势，更能给予团队律师最直接的指导；另一方面，身教大于言传，团队牵头合伙人不断向上会减少团队管理中的“口舌之争”。

《专业团队的管理》一书中曾指出，建立一个团队的本质是成员个人自愿为集体贡献一部分无即时财务回报的时间，对团队工作恪守承诺。而专业团队建设过程中，不论是做一件专业之外的事，还是复盘，抑或“迈门槛”与“建门槛”，都是在做一件看似无法即时获得回报的事情，但也正是在这件事情上默默投入才会成就专业团队。在兰台，专业团队的含义是：有以同事为第一客户的信仰，作业标准同一，作业质量稳定，相互协同，技术精良，能够建立专业门槛（壁垒），不断生产出极致、创新产品的组织。

三、专业团队的持续专业化

律师团队的专业化可以分为行业专业化与部门法律专业化，比如能源、汽车、房地产在一定程度上是以行业领域作为专业化划分的标准；又如知识产权、劳动法在一定程度上是以法律专业作为专业化的划分标准。兰台专业团队划分过程中既有按行业领域划分的专业，也有按部门法划分的专业。我们内部曾多次讨论到底如何划分专业领域才是科学、高效的。经过多次讨论后，我们不再纠结于到底用哪个标准划分专业领域，而是认清了律师专业团队的本质，既是客户需求专业高效响应的结果，也是不断满足客户综合需求的结果。

在这个过程中，兰台经历了整合过渡期，对于此前存在的部分专业与业务不匹配的情况，实行新老划断，对于新人招聘，不能再产生与所属专业团队的专业不匹配的现象；对于新的客户，根据专业来安排业务。具体而言，理顺遗留的专业分工不到位的地方，并对这些地方进行专业化的管理和调控，通过有统筹、有目的、有节奏的团队人员增减及有意识的作业分配来实现。要注意以下三种效应。

1.名正言顺效应

任何一个团队，都应从事与其团队名称相贴合的业务。这不是一件容易的事情，原因有很多，包括用人习惯、作业习惯、作业分配的顺畅程度、理解与信任、协作体验等等。这是一个系统工程。从名正言顺的角度而言，不再招聘新人去从事与本团队专业领域不相符合的业务。我们通过拟定招聘计划、作业量估算、岗位定责、作业律师质效比等因素招聘每一个新人。

2.挤出效应

每个团队招聘新人的时候，需要首先检视本团队的作业力量，是否还有本团队的作业律师在从事非本团队专业领域的事务，如果有，则有两个解决方案：（1）将从事其他专业领域的作业律师挤到（调整到）其他专业团队中去，然后招聘新人；（2）将不属于本专业团队的作业事项调整到相应的专业团队中去，空余出来作业力量。

3.吸纳效应

吸纳的前提，是每个专业团队具有专业上的比较优势、职业化的服务心态、协作的精神。为此，每一个专业团队都应该提高本专业团队的作业质量以及作业质效，确保在该专业领域的作业水准为兰台的最高水平，这样就能正向引导所有权益合伙人理性看待分工，并将作业按照专业进行分配。

专业分工是一件“蜀道难，难于上青天”的事情，主要是因为我们需要有一致的认知与习惯，要有职业化的素养；专业分工，又是一件“探囊取物、手到擒来”的事情，主要是因为我们有兰台一体化的经济基础。

在专业团队成长过程中，牵头合伙人的大局观、团队之间人员调配的自由度、客户服务的连续性、对未来市场与业务的前瞻性等均会影响专业团队的发展。兰台“统一收益率与统一作业分配”确保了在专业化发展过程中这些问题相对顺畅的解决，毕竟，从经济性角度来说，专业业务流入专业团队对合伙人只有益处。而在传统的合伙人联合体模式下，客户需求带动的非专业业务只能消化在自己的专业团队，而这样很容易让专业团队的专业性下降。

另外，专业团队在管理过程中必须解决交叉专业等专业事项的问题，比如民刑交叉等。这就涉及律师行业一个经久不衰的命题，即律师应该是哪种人才。我们更认同律师应当是“T”型人才，即通识领域+专业领域，这应当是每一个律师的基本功。如果一个金融律师不懂资本、资本律师不懂交易、交易律师不懂基本的房地产，想做好所谓的本专业是不可能的。通识的专业技能涉及的法律包括民法典、刑法、公司法、证券法、合伙企业法等，任何一个律师希望在资本市场、银行、数字经济、基金、房地产、建工等领域深耕细作，如果没有扎实的通识专业的基础，根本是不可想象的。因此，一个金融领域的律师一遇到其他领域的问题就推托或逃避，是一种自我封闭、自我隔绝的潜意识，这种潜意识对于自己本专业领域的深度发展，是没有好处的。正确的做法应该是认真想一想非本专业领域的问题，是否在自己的处理能力范围之内。如果在自己的处理能力范围之内，就想方设法自己解决，如果不在自己的处理能力范围之内，就寻求专业团队的帮助。这是一种在通识技能基础上的专业分工，是一种对每一个作业律师都深有助益的专业分工。

专业狭窄（突出）与专业通识，是一个问题的两个方面。这个市场上，没有一个专业突出的律师不是通才。当然，通才不一定能够成为专业律师。因此，其中有一个度的问题。解决这个问题，从态度上，解决的就是一推二懒三躲的问题。这个世界上最怕的就是一推二懒三躲。如果作为管理人、合伙人，不能理解律师的心理，不能从管理逻辑上思考问题，不能引起警醒并提示，导致的就是客户不满意，最终损害大家的利益。因此，需要将问题进行分类：如果专业上确实有问题，那合伙人就倾囊相授；如果作业态度上有问题，包括心理因素的问题，就需要引起警示并通过绩效考评等予以疏导：（1）有能力、偷懒。偷懒又表现为：可以干，以工作多为由推活；可以干，以专业分工为由推活；可以干，不好好干。（2）有能力，看不上分配的活。（3）有能力，对于案源人没有敬畏心，应付。

所以，兰台需要进行意识教育和意识改革。同时，需要兰台的合伙人、作业律师共同提高自身的素质，合伙人的业务越来越多，越来越有品质；作业律师越来越愿意好好干，越来越有质效。这是一个齐头并进的过程，是一个需要有管理逻辑和管理心理的过程。因为一体化配置作业资源，在管理上不是案源人直接面对作业律师。如果一个作业律师出现懒、躲、推的问题，符合作为人的本性，因此，需要通过关注作业过程的管理措施予以矫正。同时，我们也需要认识到，智力服务行业，尤其是律师行业的管理，本身就是一个管理者与被管理者之间智力与心理的博弈过程。我们可以采取一些措施，尽可能地减小这种博弈的难度与频率。比如，在招人的时候，一定要招到合适的人。这是一切工作的基础。招聘，是一个选择的过程，选人是基础，选人比用人、培养人重要得多。又如，作业过程需要客观记录。客观记录工作日志，对于每一项作业准确记录小时数，这是一切管理工作量化的基础。再如，案源合伙人或承办合伙人一定要充当第一作业力量或关注作业过程；否则，就是对自己、对客户最大的不负责。开发客户最好的方式，就是通过服务客户来纵向深度和横向宽度地开发客户。

四、专业团队建设中不同阶段的管理重点

我们看到的总是“成熟”专业团队的样子，人员的阶梯配置、业务的层次衔接，但我们更多需要面对的却是“非成熟”的专业团队，解决团队的组建、团队的业务与人员高效衔接等问题。

（一）团队建设初期的“凝心聚力”以及积累“小成功”

团队建设初期，必须解决团队要干什么，团队的任务是什么，团队的目标是什么的问题，关于团队选人的话题，我们在这里就不再详述了，找到合适的人是团队组建的基础工作，该话题既普遍又具有个性，而对不少初创团队来说，选人的余地并不大。

有关团队管理的理论和书籍非常多，但借用一句话：“懂得很多道理，却依然过不好这一生。”团队建设也经常面临这样的困境，更多时候，缺少“家底”的团队建设（缺人手、缺业务、缺名气、缺资源等）需要的是先做起来，而且切忌追求“大而全”。

比如，有团队想以中小企业常年法律顾问作为业务领域，从合同、劳动、产品质量等角度入手，但类似做法很难成功，不如从劳动或安全生产等角度入手，一方面业务领域相对较小，对于客户来说，这样的需求要么是高频需求，要么是刚性需求，只要我们做得够好，与客户建立链接应该不是难事。团队建设初期必须通过积累“小成功”让团队成员看到希望，这些小成功可以是一个客户、一个项目甚至只是一次精彩的内部分享。而在团队建设初期，凝心聚力非常重要，至于凝心聚力的方法，大家则是各

显神通。相比较合伙人联合体模式，基于兰台一体化薪酬体系、同类业务流入专业团队等特点，凝心聚力以及积累“小成功”，在团队建设初期对于团队成长有至关重要的作用。

团队必须讲情分，尤其是在团队建设初期，但仅讲情分不行，没有好的协作机制就没有办法走更远的路。协作、组织发展等基因应当在团队建设初期就有意识地植入，因为律师更擅长业务，在管理上相对更容易忽略。比如，在团队发展后，组织一旦有层级，信息透明就是难点，处理不好就会导致猜疑、误解。合伙人作为管理者，要做的不是简单地和每个人具体沟通，更多的是需要了解为什么会出现这样的情况。是不是我们业务分配机制、信息传导方式出了问题？是不是某些管理层级成了组织中的信息黑洞？这才是管理者的投入。由于律师自带生产工具，我们遇到管理难题时总容易用自己亲自上场的方式解决，应急处理当然可以，但从长远发展来看，用组织的方式解决才能让每个人获得成长。

（二）团队建设发展期的“冲突管理”

奥尔森《集体行动的逻辑》一书中提出“搭便车”，即在集体行动过程中，总会有人偷懒，团队的规模越大，偷懒的人就越多，而这恰恰是很多矛盾的来源。团队建设过程中如果不能很好地解决类似于由搭便车等引发的“冲突管理”，团队将很难发展壮大。

团队作为整体做事情并不容易，干多干少，干好干坏，每个人都有各自的评判标准，有操心的，有不操心的，有花心血的，也有不那么上心的，时间久了，很容易产生一些争执、不满甚至矛盾，我们必须直面这些问题。在兰台，作为主办律师要有主办律师的担当，作为作业律师也要有作业律师的职责，各司其职。我们需要不断提醒大家回归目标，大家是为了整体的目标在做，其他的都可以暂时搁置，不赌气、不攀比。这些说起来容易做起来却很难，为此，我们不断在制度构架上调整，不搞平均主义，合作中有竞争，竞争中有包容。

冲突管理在一定程度上既需要日常管理中直接管理者的智慧，也需要通过体系化的绩效考核解决。兰台在2016年建立起的一套相对完善的绩效考核制度，一定程度上也是对团队建设发展期“冲突管理”的回应，整个考评设计的基础是兰台人做极致的法律产品的情怀和奋发向上的精神，个体考核不是目的，建立一个能打仗、打胜仗的有专业门槛的团队才是绩效考核的目标。整个绩效考评体系包括制度性规则及程序性规则，制度性规则包括薪酬制度、档案归档制度、微信制度、工作日报制度、360考评制度，程序性制度包括程序性规则、调薪考核表、调薪谈话记录、绩效考核小组的议事规则等。我们尽可能通过公正和客观地评价个体价值来避免“搭便车”带给组织的伤害。

冲突管理在一定程度上也需要时间和距离，兰台内部统一的作业资源调配，让暂时无法解决的冲突通过内部调动等方式解决。同时，兰台“宽容”的文化浸透在关系相处中，我们通过彼此给予时间、距离等方式不断让冲突变成促使团队多样化的动力来源，而不是彼此制造障碍。

（三）团队建设成熟期的“倦怠感”

倦怠感管理并不容易，兰台一体化团队的多样性、合伙人多角度的介入团队管理和彼此提醒可以消除倦怠感。

1.“见微知著，彼此提醒”，与惰性抗争只靠自律

兰台有周一晨会制度，晨会上会有很多律师的分享。在2014年的一次晨会中，一个新入职没有多久的律师以扎实平实的语言和例子讲了一个扎实平实的道理：工作是自己的。该晨会被合伙人提名为兰台年度十佳晨会，提名理由是，律师不是一个重复简单的计时或者计件工作的职业，它是一个从学徒发展到熟练工再到高手，甚至到大师的职业，而且基本上会是一个终身职业。每一件工作都是对自己技能和素养的修炼与雕琢，一两件工作看不出差距，但几年下来，不同的工作态度和习惯导致的最大差异并不仅仅是薪资、奖金或者内部等级的区别，更是个人职业素质和职业潜能的等级差距，这种差距一旦形成，几乎难以逾越。而这样一次看似普通的晨会，让合伙人警醒，自己是不是将很多习惯和规范当作理所应当的常识，不能做到时时提示、督促团队伙伴；是不是在某种程度上产生了松懈和倦怠，对一些细节不再精益求精，认为掌握大局即可不拘小节。

类似的情形在兰台经常出现，彼此提醒，时刻小心。因为实际上任何一种优良的职业习惯均非天生具备的，都需要长期锻炼、学习和保持；而任何一种短期和局部的松懈，长期下去必然导致职业能力的严重衰退。在团队发展期，该问题还不明显，而在团

队成熟期，该问题必须引起团队牵头合伙人的时刻注意。

2.“生于忧患，死于安乐”不是一句空话，目标管理让我们不敢有惰性

我们总是用“忙”来掩饰很多问题，具体工作确实很多，但如果我们不能也不愿意抽出一些时间对工作进行反思，我们很容易在所谓的“忙”中失去方向。而在失去方向的过程中，我们的抱怨、不满越来越多，我们看到的总是外界的问题，而忽略了自己本身才是很多问题的根源。我们得考虑清楚一个问题：怎么在一个专业领域成为真正的引领者？

3.“知易行难，大道至简”，组织让我们有能力坚持

团队建设初期，任何一个业务对我们来说都是新鲜的，所以，靠着新鲜感可以一路闯荡，但当新鲜感被疲惫感淹没时，我们还能否继续曾经的坚持？

兰台知识产权团队把“好奇心”作为团队文化的一个元素，此后，该元素成为兰台其他团队做成事情的一个前提。新鲜感、三分热度过了之后，如果没有了好奇心和对目标的笃定，则很难坚持。做成某一件事情相对来说是容易的，但在某个领域成就一件事情却并非易事，要做到靠的不是新鲜感，而是真的要坐冷板凳。我们都应该去考虑，新鲜感过后，我们靠什么坚持下去？由于兰台团队之间的彼此开放性，而每个团队的发展阶段、牵头合伙人性格等均有差异，在比较中总能找到“灵感”来解决各自团队中的问题。

五、如何看待律师离职

兰台珍视每一个在兰台和离开兰台的人。在兰台内部，如何避免兰台作业律师的离职经常被讨论，甚至有一段时间因为一些作业律师离职，我们都有点怀疑自己是否真的做错了。随着不断地讨论，我们对待律师离职越来越理性。

兰台对这个问题的讨论是公开的，比如在2021年7月17日至18日，兰台举办“保持热爱　拥抱山海”新员工培训会，会上商事合规团队主管律师问了一个问题：兰台今年离职的不少人重新找的工作要么只是和兰台持平，要么是不如兰台，为什么大家还是走了？这个问题直击兰台每一个合伙人。在这样的情况下，兰台的离职管理做好了吗？有没有人是带着怨气和情绪离开的？我们公开讨论这样的问题，认真倾听每一个人的意见，当然，由于发展阶段、资源有限等导致部分问题仍然是问题，但我们将这些待办问题列入了待解决问题清单。

兰台对这个问题的讨论是深入的，合伙人和作业律师讨论什么是平台，是不是作业律师关心的问题。兰台在2021年对作业律师重新定级，然后落实得如何？我们的管理动作也不多，但是不是有用？我们需要落地的是如何让优秀的、未来一定是合伙人的律师看到希望，而且，确定要和兰台一起走下去。这个问题的提出以及解决需要智慧，兰台发展这么多年，不是在白纸上建立乌托邦，管理措施的落地确实也会遇到现实中不得不做的妥协，但有一点兰台从未妥协，即以客户利益为第一利益，以促进协作为判断标准。

带着这样的灵魂拷问，我们不断反思，我们本身对离职应当有一个顺应趋势及贴合现实的理解。作业律师离职本身不是什么问题，但他们为什么离职，以及我们是否会改进才是问题的关键。因为对于兰台来说，人才是唯一资本。

抛开情绪，兰台对于作业律师的管理努力做到以下几个方面。

1.带着同理心，看看作业律师的希冀

重点关注薪酬待遇、发展潜力及目前工作的吸引力。兰台努力做到持续提升作业律师的薪酬待遇，基于兰台清晰可见的成长路径，兰台提供的不只是薪酬，更是未来发展的潜力。同时，基于业务不同的情况，在岗位设置上，不同岗位招聘不同的人，根据不同岗位的发展阶段招人。如此，避免由于人岗错配导致的不满与不必要的离职。

2.严格认真

不要松懈对任何人的要求，学会主动淘汰。让优秀的人在一起工作，就是团队管理中最大的福利之一。兰台一直倡导善良，但不应该软弱，我们对部分人不创造价值仍然能获得奖励的情况的容忍就是对其他人最大的不公平。为此，兰台要敢于提要求，要会提要求，不能让人因为我们要求过低而离开。

3.分类管理

做好不同职级的人的发展规划安排，提前与不同职级的人做好职业规划交流，比如每一个人晋级前，提前半年就与之谈话，提前幸福感、延长幸福感。对于不同年级律师，应当基于不同需求进行辅导和赋能，而不是一刀切。

4.业务选择

兰台要逐步淘汰一些费力不讨好的业务，是否承接某项业务，兰台要有判断，不能让个别业务拖累团队成长。

5.人人参与

尤其是管委会委员以及牵头合伙人，应该人人参与到团队管理中，要与离职律师进行离职沟通，要有胸怀欢迎离职的员工重新归来。

我们要抓住主要矛盾，从招聘（一定要匹配好工作职责选择好合适的人，而不是一味地追求所有岗位都是素质高的人）开始，到入职、工作分配、工作要求等，切实贴心贴肺地渗透管理起来，以身作则，勇往直前。我们要知道，人是最难培养的，我们应该珍惜每一个兰台人。

团队管理在兰台有大放异彩的舞台，而这正是兰台一体化的魅力所在。一枝独秀不是春，百花齐放春满园。好的团队要有相互成就和共同提升的机制，我们既需要明星律师，却又要警惕英雄主义，就是在这样的理念下，我们相信组织的力量可以成就专业的团队，并为此一直努力。

第七章

一体化作业资源配置的实践

如前所述，一体化律所与合伙人联合体的律所在日常运行机制及管理方式上，是存在根本性差异的，一体化运营的律所对于管理能力以及制度的落地能力，会提出更透彻的要求，需要更及时的响应，这既是优势，也是挑战。

兰台一体化，要求作业律师面对的是不同的合伙人，并且需要高质效地完成作业。合伙人并不直接聘用作业律师，作业律师对于合伙人的响应水平以及作业质量，会直接导致合伙人的满意或不满意。在不满意的情形下，抱怨的情绪在一体化的机制下会被放大。而在合伙人联合体下，如果合伙人带领自己的团队，冷暖自知，通过聘用、考核和淘汰，可以将矛盾自己化解，就算作业律师作业出了差错，也只能自担后果，而不会抱怨律所。

我们在洞察了抱怨情绪产生的原因以及抱怨情绪会被放大的情况下，仍然从另外一个角度看待这件事情。我们认为，抱怨、不满以及矛盾的放大并不是一件坏事，可以使兰台更全面、更多维地了解一个律师，促使作业律师全面发展，使作业律师更具备自我约束、自我发展、自我管理、自我提高的能力，为作业律师未来成为一个好的合伙人奠定基础。同时，也促使兰台不断优化管理能力，是对管理能力的倒逼以及促进。

专业化说起来简单，但做起来难，也考验着发展理念、管理措施、落地能力、过程控制、协作机制等多方面的能力。我们必须认识到，分工到位、分工运行得好，是不可能一蹴而就的，必须有约束以及配套的管理措施，专业分工以及作业是日常工作中的一件琐事、细事，也是需要时时重视、一日三省的大事、要事。

一、作业分配体制：兰台经验

对于团队管理以及作业分配，兰台目前践行的模式是：设立权益合伙人（牵头合伙人召集、团队内其他权益合伙人分工负责一块职能事务）协调，薪酬合伙人（主管律师）指导、分配和管理，作业团队承办。牵头合伙人负责召集、指导以及团队建设、总体把控，每个团队的权益合伙人是一个集群，对团队起着倡导和践行集体建设、促进共同奋斗、把控风向和风险的作用。薪酬合伙人（主管律师）负责作业指导、作业分配、作业进出端的把关、团队日常管理。每个作业团队可根据细分的专业划分为若干个小组，主办律师、助理律师、律师助理与各相关合伙人相互协调配合，完成作业。对于作业团队是否分组，律所层面没有统一要求，由各个团队根据自己的实际情况确定。

对于该作业分配体制，兰台会在给新加入兰台的每个合伙人的入职大礼包中进行说明，以期让合伙人尽快熟悉作业分配体制，确保工作安排顺畅。

二、专业化的基础是职业化

专业化可从不同层面讲，在本书第六章从专业团队建设、律师专业等角度论述了专业化。本章主要从作业分配角度阐述专业化，因为兰台的专业化从某种意义上而言，就是专业化地分配作业，作业律师专业化地承办业务，以高质量地满足客户需求的过程。合伙人的专业分工事宜，是依靠市场解决的，即兰台没有对合伙人专业方向有强制性要求，这正是兰台释放合伙人能力的举措。而分配律师作业和律师承办业务，一定要体现兰台一体化的特点和集约化使用律师的优势，即应当是专业配置。这两点有一个共同目标，即客户需求最大限度的高质量满足。

作业专业化及专业化地分配作业，是一个过程。过程中我们的很多不满源于认为有专业团队，就应当完成专业化，而实际情况是各个团队更专业、更集约地分配作业、承办作业不是一蹴而就的事情，其中有一个认知的过程、一个习惯调整的过程、一个相互信任和理解的过程、一个职业化的过程，需要有计划地管理和调控。

没有内心深处的正确认知，就没有对于一体化的认同，更没有专业分工的自觉。因为对于合伙人来说，将工作交给自己熟悉的律师似乎更稳妥，而专业分工是需要打破这样的舒适圈，要将工作交到我们可能不熟悉的专业律师手里。

因为习惯于自己的事情自己做、自己的人做，没有将业务分配出去的习惯，律师与客户有很深的人身依附性，所以不少律师习惯于亲力亲为，但并非亲力亲为就是最好的选择。然而将业务分配出去是需要有判断力和把控力的，判断力在于到底匹配什么样的律师，把控力在于信息如何不衰减地传递，如何在人员交互中让客户满意等，这些对合伙人来说也是不小的挑战。

不信任、不理解其他律师的作业方式，就无法相信其他律师的作业能力。这是律师行业在作业协作中普遍存在的问题，也是制约律师发展的重要因素。该问题对于兰台来说更是非常重要的事情，因为解决不好这个问题，兰台一体化机制就很难落地。这个问题看似具体专业事务的问题，却不能仅仅停留在这个层面去解决。深入思考和深度践行后，我们认为，没有律师的职业化，专业分工就是一件让人不舒服的事情。在职业化过程中，一个非常重要的要素就是职业要与情绪分离，“爱笑的律师运气不会太差”，尤其是在其他律师说得不对的时候，在其他律师否定你的时候，更要平和、妥当处理，而不是“易爆、易怒、易燃”，成为危险品或者引发对立的导火索。

（一）兰台专业化与职业化的关系

律师成长过程中，强调专业化多于职业化，而且职业化总是会上升为做人。尽管职业化在其他领域属于基本常识，但在律师行业提得并不多。兰台在践行一体化的过程中发现，没有职业化，专业化在组织中将难以落地，我们必须通过职业化让大家养成共同的作业习惯。

1.职业化的根本目的

职业化的根本目的是让兰台所有律师能够发展得更好、更快，以勤勉敬业者为本，为作业律师提供贴合其自身需求的发展路径。职业化有助于不同发展阶段律师更确定地成长。

（1）树立职业律师的兰台意识

任何一个律师到兰台执业，都应该具有两种根深蒂固的意识。

一是愿意以律师为终身职业，这样就自然会有长期主义的思维，自然清楚律师需要在不同阶段专注重点积累的事项，而不会陷入“胡子眉毛一把抓”的状态。

二是愿意遵循兰台的职级晋升路径，这种路径是清晰的、明确的，从作业导向到以市场为导向，有清晰可见的指引指标，同时，通过考评等外部评价体系让每个律师愿意时刻保持勤勉尽责的工作状态、工作精神。

在此，有一句话对兰台的年轻律师非常适用：年轻人啊，你一定一定要很努力，但千万千万别心急。兰台的职级路径，已经形成了一个体系，当然，这里既考验兰台让人愿意跟随的能力，也考验律师愿意相信的能力，兰台就是在彼此成就的路上让个体不断变得更优秀。

（2）提升职业愉悦感、职业顺畅感、职业平和感

在作业分配过程中，大家刚开始更专注专业本身，但当业务量增加时，我们发现，专业化不是壁垒，情绪才是最大的壁垒。如何才能让分配的人和被分配的人都感到愉悦，往往不取决于专业本身，而是彼此的职业化程度。

兰台对于职业化有着客观化的标准。比如，作业律师不得以任何理由拒绝工作安排，如果确实有困难，应该报主管律师、牵

头合伙人解决，而不是直接拒绝其他合伙人的工作安排，并且应在工作协调过程中时刻保持平和。

（3）涵养职业习惯

胡适说，容忍的态度是最难得、最稀有的态度。人类的习惯总是喜同而恶异的，总不喜欢和自己不同的信仰、思想、行为。这就是不容忍的根源。鲁迅说，改造自己，总比禁止别人来得难。

基于兰台一体化机制交互的频繁程度，兰台律师日常作业习惯应该是：平和有据地争论、全力以赴地协作、满心喜悦地分享、发自肺腑地尊重。在这个过程中，兰台提出以勤勉敬业者为本。那是因为勤勉敬业者做到了客户体验至上、作业质效至上、客户利益至上。唯有如此，勤勉敬业者才能通过客户的满意获得我们的幸福，通过客户的发展体现我们的发展，通过客户的成功彰显我们的成功。

为此，兰台在2019年专门发布了《关于以勤勉敬业者为本的职业化发展的意见（试行）》，作为兰台律师薪酬制度、职级制度的重要补充。

（二）兰台职业化的内涵、目标以及过程

1.职业化的内涵

职业化是一种职业要求，平和协作、善于沟通、受人欢迎；职业化是一种内在修养，共享、尊重，以同事为第一客户；职业化是一种外在表现，亲和、友善，主动分担，提升自我。

同时，职业化的内涵也是具体的，可以具体为邮件的发送回

复规则，可以具体为同步外出情况等。

2.职业化的目标

职业化的首要目标是助力作业律师一步一个脚印、一年一个台阶，各得其所，发展成为共创、共享、共赢的权益合伙人或者专业顾问。为此，兰台的职业化应该做到：使专业化分工成为合伙人、作业律师、客户的一种良好的体验；体现兰台集约化作业的优势。

3.职业化的过程

信任与被信任的过程；理解与被理解的过程；一体化机制下作业习惯调整的过程。作业习惯包括沟通的方式，包括邮件的抄送形式、文本格式等，这些都是不断交互过程中职业化的体现。

（三）专业化的作业标准

1.作业质效持续提升

通过专业的、同质化的深度作业，能够使兰台作业律师单位小时作业的质量、数量优于同行业水平，提升兰台每一个项目的谈判空间和竞争力。

专业化在同类业务不断滋养中，在文化不断复盘中持续深入，在不断与客户交互中了解最真实、最前沿的客户需求。

2.客户体验持续改善

通过同质化的专业服务，能够不断改善客户体验，提升客户体验，创造良好的服务氛围。比如，回复速度、沟通效率和沟通感受等。

3.作业律师感受持续向好

通过专业分工，提升作业律师的作业感受以及由专业带来的尊重感。

（四）作业效果评价

每项作业，在作业律师完成以后，需由作业律师完成自我评价、权益合伙人或指导律师完成该项作业的评分，作为月度、年度考核的基础材料。

具体包括：作业的即时修订与评价，工作日志的即时审核，月度工作态度、工作质量的评分。既有作业修正过程中的能力提升，也有通过外部监督评价后的自我反省，在这样日复一日的交互中，不断提高作业质效。

（五）作业以及协作的要求

权益合伙人、牵头合伙人、薪酬合伙人（主管律师）、作业律师在市场开发、作业指导、分配作业、承办作业的时候，应分别满足以下要求，使兰台一体化的水平不断得到提升。

1.牵头合伙人

牵头合伙人是该专业团队专业领域的引领者、专业路径成长的榜样、专业管理的助推师。牵头合伙人需要与权益合伙人共同打造市场领先的作业团队。为此，牵头合伙人要做到以下几个方面。

（1）在该专业领域引领专业团队不断向深、向远精进，要根据市场变换不断定位常规业务、战略业务，让专业团队的专业效用发挥到最佳。

（2）要为团队律师专业成长树立榜样，为薪酬合伙人进一步提升为权益合伙人提供职业规划的帮助，为作业律师职业规划做好带路人。

（3）指导薪酬合伙人（主管律师）根据业务情况、人员情况做到最佳的人员配置。

2.权益合伙人

作为作业的交办者，权益合伙人交办作业的原则是“一个中心，三要三不要三有”。

“一个中心”是要以作业律师发展为本，协力培养打造具备超强作业能力和最佳质效比的作业团队。

“三要三不要三有”是要以交办作业任务清晰为导向，不要一语带过，有目标有要求有指导；要以过程管理为督导，不要不管不问，有陪伴有关怀有协力；要以作业律师成长为依归，不要浪费作业资源，有尊重有帮助有共鸣。

3.薪酬合伙人（主管律师）

主管律师是团队作业资源统一调配的出入口，是兰台一体化中最重要的角色之一。所有的团队主管律师也是兰台律师成长的典范样本之一。主管律师在团队中应当具备七个方面的能力，进而起到七种作用。

（1）服务能力。主管律师是承接权益合伙人业务的第一对接人，必须特别清楚团队每一个人的情况，清楚团队的作业能力和各项业绩，并能够妥善处理团队作业资源分配方面的问题。

（2）专业能力。主管律师的专业水平要过硬，是团队中最大的作业律师，是团队作业的核心和骨干。同时，主管律师还是作业导师，具备进行作业指导的能力和愿力，切实、有效地指导作业律师作业。

（3）管理能力。主管律师应当直面困难、解决问题、承担责任，进而赢得作业律师的全面信任，这样团队才有凝聚力。

（4）情感能力。主管律师应在作业律师与律所、作业律师与合伙人、团队与团队之间出现沟通不够和工作脱节时，不断调整自己，成为裂痕的修复者、情感的耦合剂，以及一体化机制下的安全垫。

（5）引路能力。主管律师心系每一位作业律师的成长，胸中有每一个作业律师的发展规划，明确作业律师在团队中的定位和担当，督促和引导作业律师发现制约自身发展的核心问题，不断超越自己，成就自己。

（6）识人能力。主管律师要知人善任，善于激发作业律师的主动性，培养作业律师在其擅长领域取得成就感，保持竞争感；创造合适的时机，用人之长，补人之短，促进团队齐头并进。

（7）标杆能力。主管律师愿意点燃自己，照亮别人，帮助和引导一代又一代的作业律师从幕后走到台前，从作业律师成长为合伙人。

4. 作业律师

作为每一项作业的承办者，作业律师应以客户体验为中心，以作业质效为依归，做到“三要三不要三注重”。

（1）要以同事为第一客户，不要对同事说不，有问题层报团队主管或牵头合伙人内部消化解决，注重随时响应、及时跟进、及时反馈。

（2）要以作业质效为第一要求，不要对客户说不，有疑难层报团队寻求指导，注重"臻于极致"的质效作业。

（3）要以客户体验为第一目标，不要让客户感到任何服务瑕疵，有障碍层报团队寻求帮助，注重提升客户服务认知和服务体验。

如果仔细推敲上述不同层级律师的能力，我们会清晰地看到这些能力为律师向下一层级进阶在积淀，薪酬合伙人7个能力的历练和培养，会让薪酬合伙人在转为权益合伙人时，完全具备市场化合伙人的标准和要求。

三、实践、总结及完善

年度团队总结是兰台的一个特色，只有在兰台机制下，才有可能进行如此深刻、透彻、直面利益比对的年终总结。这是管理的深化，也是深度管理的结果。同时，也能深刻地看到兰台专业的协作。我们通过简单梳理近3年的总结来看一下专业协作与分配在年终总结中的展现。

（一）不同团队不同的精进方式对彼此更好作业分配的影响

2019年1月13日之前，兰台连续召开了10个团队的年终总结会，令人印象深刻。一些合伙人说，有被打开的感觉。之所以是被打开，是因为：

体验到了不同专业团队专业的精进、专业的乐趣、专业的精神、专业的品质。

体验到了其他专业团队不一样的风格，或平和幽默，或激情四射，或如沐春风，或忘情潇洒。

体验到了在兰台共同的理念下不同专业团队不一样的发展路径。政府公共事务团队是“三好”团队：理念好、规划好、落地好；商事合规团队是“三有”团队：有胆识，让人耳目一新，有通透，让人如沐春风，有专业，总是奋勇前行；知识产权团队对于专业品质的追求，总是让人肃然起敬；资本团队在并购、债券领域，激流勇进，让人难忘；国际商事团队成立短短三年，就在合伙人数量上有了突破性进展，有了厚度，在反倾销反垄断、跨境并购等业务上卓有成效；金融团队在信托、银行、基金、保险、金融衍生品等领域全面深耕，奠定了自己的江湖地位；房地产团队依靠自己的力量，在已经成熟的房地产及基础设施市场为兰台打开了一个根据地，让人印象深刻；劳动法律事务团队正在有声有色地成为劳动法领域的“第一”团队；婚姻与家族财富传承团队正成为市场中的一支新兴力量；争议团队有品质、有挑战、有力度的服务，一直以来是法律服务市场中的领先力量。

体验到了具有深刻内涵的交流才能使真正的多样性成为可能。

体验到了每一个作业律师蓬勃的生机以及生长的力量。

体验到了一体化运营机制下的“一体感”，利他就是利己，群策群力，奋勇前行。

兰台的目标很清晰，即通过一体化的方式，让客户满意、合伙人满意、作业律师满意。兰台实现目标的手段也很清晰，即通过不断缔造有力量的作业团队，让作业律师有成长，合伙人发展无边界。

（二）2020年行动纲领让认知转换为实践

2019年，兰台出台了《关于公开招标业务的规定》及相关解释说明。这样一项制度从表面上看对兰台提高公共收入、提升收益率、提高合伙人之间的协作程度，具有深远的影响，属于兰台公共利益。每一个兰台人都应该认识到，每增加一元的公共收入，就能提升一点幸福感，提升一些竞争力。每一个参与其中的合伙人、律师，秉持公共利益理念，对于公共案源，应怀敬畏之心、持感恩之情，尽勤勉之责。但进一步看，实际上是兰台作业分配制度的深化，是以作业协作紧密度深化为依托和基础的。

合伙人的行动纲领：（1）合伙人以二次分配制度为引导，通过每个人“躬身入局”，让合作顺畅、管理能力提升、兰台品牌增值；（2）合伙人对作业团队的建设管理要投入时间和精力，对兰台优劣势要深入了解，通过恰如其分地调配作业资源，赢得客户，赢得市场；（3）合伙人不断开拓创收高的业务，有意识地控制、放弃创收低的业务，合力让兰台的客户市场形成一个良性生态圈；（4）合伙人要有创收目标，且通过专业、协作、知识管理完成创收目标；（5）合伙人要有危机感，通过不断地学习，让自身始终处于竞争状态，赢得每一次机会，从而总有下一次机会；（6）合伙人要愿意为公共创收的增加贡献时间、经历、专业，让兰台更有底气。

2020年兰台人行动纲领：（1）兰台人要通过工作记录的方式管理自己的时间、精力，定期和不定期地总结、反思，让有限的时间和精力发挥更大的价值；（2）兰台人要通过知识管理，让工作更有效率，让协作更加顺畅，让客户更加满意；（3）兰台人要信奉制度的力量，以考核目标为牵引，让自己经得起市场的考验，成为受欢迎的协作者；（4）兰台人要敢于提意见，对于兰台需要改进的地方，随时随地说出改进的意见和措施，一起让兰台越来越好；（5）兰台人要在专业上不断下功夫，用专业赢得尊重。

这些认知转换为具体行动，既是作业分配的基础，也会更好地促进作业分配。

（三）2021年春暖花开行动

兰台以最严肃和郑重的态度对待作业质效考评，以持续提高兰台作业律师待遇作为目标，确保每位律师取得与其考评结果相匹配的激励，并将言出必行。而这是落实兰台作业分配的制度基础之一。

通过数据，我们不断反省作业分配等方面的问题，具体包括：（1）个人及团队的整体评价。（2）团队人员配备问题。（3）作业安排问题，即主管律师或牵头合伙人应当如何安排作业。（4）作业质效问题，即本团队应当采取何种方式提高作业质效。（5）作业优势问题：本团队应当采取怎样的知识管理以及外显方式，去向合伙人争取更多业务？（6）年终奖金与薪酬的比重问题等。通过这样的反省，每次作业质效考评均以提高作业律师待遇为目标，与360考评结果结合，精准激励。

我们不遗余力地持续提高作业质效，这应当成为兰台每位作业律师烙印于心的自我约束，同时也是规制兰台所有管理手段的起点和终点，更是保障兰台在竞争中得以生存并胜出的重要筹码。作业质效考评的目标始终是提升每位作业律师的专业度，从而持续提高作业律师的薪酬待遇。本次作业质效考评名为“春暖花开行动”，凝练成16个字：数据评估、主观评价、精准激励、提高待遇。我们要“面朝大海”（这个“大海”指市场，“面朝大海”即坚持市场导向、市场比较、市场领先），实现“春暖花开”（每个人、每个团队以及兰台都要在此引导下，寻找自己的春暖花开路径）。

我们正是通过不断反省、提升管理，确保兰台作业分配的即时调整，使之与市场变化、与合伙人需要同频。

第八章

有品质的规模化

律所的规模化是律所发展中不可避免的问题，规模化本身也是律所响应客户发展的必然结果，也是机构不断壮大的需要。兰台在规模化这条路上起步比较晚，从2020年开始，兰台正式启动规模化之路，走上了一条有品质的规模化之路。

一、专业的规模化

各地办公室应有计划、有组织地加快规模化的节奏。兰台所倡导的一体化和团队制并不矛盾，无论是一体化作业还是团队协同，兰台都能够有效地配置行政管理和作业资源给与支撑，各地办公室可视情况作出适合当地的路径选择。以一体化的13个专业团队为基础，各团队努力开发业务、研发产品，成熟一个专业命名一支团队，以专业高度获取团队之间的合作和市场声誉，在专业建设中实现有实效的规模化。兰台各地办公室可以从北京办公室目前已有的专业团队建设、产品开发等角度与当地市场进行有机结合。兰台追求的规模化，一定是建立在专业基础上的规模化。

二、品质的规模化

所谓品质，不是一句口号，应该有具体的标准。要求能够着力引进有影响力的合伙人、有作业品质的律师；着力发展更多有市场地位、业务品质的客户；配置能够匹配兰台定位的办公选址和场地。

以专业化为基础，兰台的规模化不是简单“挂牌”，而是真正践行兰台用专业赢得客户的理念，将这种品质的追求内化为兰台每一个办公室的奋斗目标。只有这样，才能真正响应客户需求；只有这样，才能真正让各地办公室百花齐放。

三、协同的规模化

兰台遵守契约精神，各地办公室在设立之初都与总所签订了协议，总所、各地办公室全体合伙人均应承担协议责任，享有约定的权利。各地办公室合伙人包括今后加入的合伙人，均应该遵守与总所签订的协议以及各地办公室合伙人之间签订的契约。兰台包括总所、各地办公室的全体合伙人应该加强合作，也应该遵守契约和规矩，协同发展。

在兰台规模化过程中，总分所通过“双向”一体化达成总所与分所的互动，实现了协同发展的规模化。

四、有规则的规模化

兰台合伙人会议、管委会出台的一系列规则，各地办公室、后加入的合伙人均应同样遵守。兰台发布的《合伙人分级考核办法》《兰台律师事务所分所及团队管理办法》《一体化作业力量支持分配办法》《共同发展基金汇缴管理办法》《兰台律师事务所共同发展基金使用办法》《总所律师派驻分所津贴发放及派驻替换管理办法》以及OA系统使用、利益冲突检索等，都是兰台全体合伙人和律师均应遵守的规则。

五、有底线的规模化

各地办公室在规模化的过程中，应该有底线思维。这个底线就是国家法律法规和行业规则。任何逾越底线的行为，无论涉及哪个办公室，或者是哪个人，兰台都零容忍，各地办公室都要切实把控好各项风险。

第九章

强大支持

一、贯穿全程的党建：兰台经验

以党建为引领，带团建促所建，兰台实现了党建与所建融合发展，在这一过程中获得了“全国优秀律师事务所”“全国律师行业先进党组织”等荣誉。结合律师行业特点，匹配兰台管理制度，兰台探索出的“四四”党建模式，即从专业、务实、长效、深度四个大的方面抓党建，每个大的方面又包括四个小的方面。

（一）专业党建的“四个紧扣”

专业党建是兰台党建的基础，要做到“四个紧扣”。

一是紧扣法律体系多元下规则冲突及法治的本土特色，正确认知中国的司法环境。

二是紧扣兰台一体化管理的模式及律师个体的特性，统一作业习惯、作业约束、作业的价值导向。

三是紧扣律师的发展阶段及薪酬体系，建立律师素质词典，统一律师职级标准，明确晋升路径。

四是紧扣律师执业纪律要求及勤勉尽责规范，将对党员律师的行为范式要求，落实到执业的每一个细节之中。

落实专业党建的“四个紧扣”，兰台以制度保障，夯实党建基础。

一是根本制度保障。兰台党委将《中国共产党章程》写入律所管理章程，将“开展党的活动，加强党的领导”作为律所管理制度的根基，为兰台党建工作奠定了坚实的制度基础。

二是智能考评保障。兰台员工所有工作时间及工作内容均需计入0A系统“工作日志”中。在OA工作日志中，建立“党建事务”模块，以数字化手段了解各位党员参加党建工作的情况。

三是机制指标保障。兰台根据一体化机制组织建立13支业务团队，对律师进行统筹管理。根据作业技能、响应与协作、党建活动参与度等7项指标维度将律师分为1至7个职级。“党建参与度”作为7项指标之一，在不同职级晋升中有不同的要求，有力保障了党组织对律师的号召引领作用。

四是会议制度保障。兰台坚持每周一召开晨会制度，至今共开办800余次，其中既包括专业领域培训、律所精神传达，也包括悦读时光分享，即由主讲人推荐一本书，如《习近平谈治国理政》《习近平法治思想概论》等。

（二）务实党建的“四个多种”

务实党建是兰台党建的驱动，要做到“四个多种”。

一是党建活动多种要求，如规范化要求，员工关系、团队建设、律所建设要求；二是党建范围多种维度，如可以按照律所内、外划分，也可以按照员工年龄结构老、中、青划分；三是党建力量多种融聚；四是党建形式多种多样。

务实党建的“四个多种”，兰台以切实行动，引领全员驱动。

一是领导班子带头行动。班子成员带头学习、参加活动、传教帮带、捐助奉献。

二是党建共建联合行动。加强党建与业务融合，做到党建互鉴、业务互助、人员互动、公益互促。

三是党建力量多种融聚。吸纳党外律师参加党建活动，延伸党建工作触角；成立党、工、团委，实现全员参与；重视入党积极分子培养，做好发展党员工作，锻造合格后备军；重点把握年轻员工的思想动态，保证意识形态工作全员扎实到位。

四是丰富活动方式行动。采取多种多样的活动方式：组织研讨学习、进行红色基地培训、开展电影党课、参加实践体验等。

（三）长效党建的“四种能力”

长效党建是兰台党建的堡垒，要增强“四种能力”：一是因为组织的手段而具有约束能力；二是因为测评的方式而具有感召能力；三是因为舆论的渠道而具有持续能力；四是因为方向的把握而具有辨别能力。

落实长效党建的四种能力，兰台以长效机制，筑牢战斗堡垒。

一是兰台决策机制。兰台党委与合伙人会议为兰台决策机构。建立重大问题会商、重要情况通报、重要会议列席机制。

二是测评谈话机制。兰台实行360测评，包括以工作质效比作为量化数据的客观评价、自己的主观评价、他人评价以及谈话测评。

三是宣传舆论保障机制。兰台党委创新“互联网+”模式，通过微信公众号、官方网站和在线讲堂等方式渗入兰台党员生活。

四是监督引导机制。律师在执业过程中必须时刻注意法律的政治属性，强化风险意识，防范执业风险。兰台党建公众号设立“执业风险防范”专栏，旨在对律师执业规范化建设起到积极的推动作用。每名律师都签署依法执业承诺书，承诺“作为律师，自觉遵守律师职业道德和执业行为规范，努力维护当事人合法权益，维护法律正确实施”。同时，设置意见箱等反馈渠道。

（四）深度党建的“四个标准”

一是不讲假话、套话、空话，正确认识当前新媒体形式下的各种观念、各式观点，深刻认同党的领导，使之成为一种政治自觉。

二是不说教、不搞“一言堂”，正确认识党内争鸣与争论的价值，在批评与自我批评以后，深刻认同党的领导，使之成为一种观念自省。

三是党建主题讨论，必须以理论为支撑，比对东西方治国方式的历史演进，深刻认同当前的中国道路，树立一种有理论支撑的道路自信。

四是党建活动的任何结论都必须以事实为依据，深刻洞察当前中国经济发展的历史数据以及未来趋势，深刻认同当前中国的政治制度，使之成为一种有事实支撑的历史自豪。

落实深度党建“四个标准”，兰台以打造四个先锋，实现社会责任。

一是打造依法行政先锋。兰台积极服务国家大局，担任民政部、司法部、商务部、住房和城乡建设部、工业和信息化部、文化和旅游部、中国人民银行、国家市场监督管理总局、国家档案局、中央机构编制委员会办公室等党中央部门、部级单位及直属事业单位的常年法律顾问，助力依法行政，展现首都律师的责任担当。

2020年4月，兰台成功中标鸟巢场馆改造法律服务项目。时隔十余载，兰台二度携手奥运，成为奥运场馆的专项法律服务单位。

二是打造调解为民先锋。自2010年承接北京市朝阳区劳动争议调解中心工作，兰台劳动团队调解案件超过40000件；物业调解中心积极参与调解物业类、合同类纠纷案件。由于调解具有公益性，迄今已投入200余万元支持调解工作。

党建引领公益。公益与党建有一种“共同语言”，那就是为人民服务；有一种共同的精神风貌，那就是勇于承担社会责任，为社会无私奉献。以党建为引领，把党组织的政治功能寓于服务功能之中，推动形成“党政主导、各方协同、群众参与、共建共享”的良好公益格局。

三是打造区域党建先锋。兰台党委与所在地区左家庄街道党组织结对共建，为社区对口精准扶贫地区张家口市谷丰村进行捐赠，为打赢脱贫攻坚战贡献力量，并且积极开展普法宣法工作，充分发挥专业优势。2019年，兰台被所在地区评为“身边榜样”区域党建先锋队。自新冠肺炎疫情暴发以来，兰台律师积极投身基层社区疫情防控工作，为疫情防控贡献自己的力量。

四是打造争优模范先锋。开展“学习身边榜样”活动，树立在专业、公益等方面表现突出的榜样形象，兰台律师积极参加无偿献血、社区防疫、无私捐款等公益项目。

二、品牌宣传、行政支持、人力资源、财务等职能与职责区别

职能之“能”就是能想问题，能发现问题，能解决问题，能提升感受，能鼓舞士气，能打开心扉。为此，后台支持部门不是简单的事务性部门，而是从方方面面可以给合伙人、作业律师以支持的部门。

（一）让品牌宣传工作倒逼律所专业化发展

品牌宣传不是简单地在微信公众号上发文章、组织一些论坛和活动，而是要引导、倒逼律所的专业化发展。要从以下几个方面去做。

（1）通过微信文章，宣传兰台的专业，这就对文章的质量要求越来越高。文章质量不是要求出来的，而是通过多方措施，引导发展出来的。

首先要营造出一种你追我赶的氛围。同时也要注意观察总所和分所的每个人，提倡有能力的人写专栏，要求每个分所在一个领域持续跟进。这样文章就会多起来，好起来。

其次是通过律所的激励以及品宣部门可以想象出来的各种措

施鼓励律师撰写高质量的文章，但是以精神奖励为主。

最后是与市场上的多媒体联系，多转发是对作者最大的褒奖。

（2）根据品宣要求，设计专业方向，同时，将各个分所的专业化打造出来。一定要这样去设计、去做。

（3）经常与同行沟通，举办各种主题的品宣活动，广泛征求大家的意见。

（4）配合员工关系管理，开设一些有质量、有分量的人文专栏。

这些都只是具体的列举，核心是通过用品牌宣传观察、透视市场上的同行在做什么、客户在关心什么，从品宣角度给合伙人以指导和线索。

（二）人力资源助力兰台专业团队的建设

兰台人力资源管理的职能目标即助力兰台专业团队的建设，以客户为中心，不断提升每位作业律师的专业性，涵养职业性，使其既具有体系性思维，又能够处理各种琐事。所有工作，围绕这样的目标展开，包括：（1）在招聘渠道、招聘形式、招聘管理、招聘面试设计等方面下功夫，让更多的年轻律师知道兰台，了解兰台，在招聘过程中让每一个应聘者感受到兰台对人才的珍视；（2）在日常管理中，要通过落实月度考核、年度考核、360考评等激发作业律师的积极性，就要想办法将你追我赶的氛围烘托出来，要让大家有紧张活泼的感觉，在团队建设方面，要给作业团队以指导。总之，围绕这样的目标，想办法让每个作业律师都能感受到。人力资源管理工作没有小事，简单的请假都可能让人感觉到温暖和力量。

（三）行政支持助力兰台专业团队高效事务管理

从OA项目立项、案件归档、利益冲突到办公用品领用等均是由行政支持团队负责，这些事务性工作只是职责，从职能角度，行政支持对于提高工作效率至关重要。围绕着助力作业团队提升事务管理水平这个目标，包括：（1）将工作流程尽量简化，且要通过各种方式让兰台人都知道和熟悉，尤其是新入职的人，避免OA等使用不当导致一些问题的发生和时间的浪费；（2）行政支持不是被动需要，而是主动关怀，比如，某作业团队和合伙人案件归档数量较低，对此不是简单地通过邮件督促，而是了解是否有困难，是否需要支持等；（3）快递等管理，尤其对于来自法院的快递等，应当及时通过高效管理方式确保信息的无衰减传递。

（四）财务支持让兰台专业团队与合伙人心中时刻有杆秤

兰台在管理进化中引入数据化管理，探索了三种质效比的践行方式，这种践行方式促使我们每一个合伙人以及作业律师，慎重对待自己的行为。而该管理方式的持续、有效落地需要财务支持，财务除日常需要将相关基础财务数据按照律所要求通报给合伙人外，还要每个月将项目质效比等数据同步给合伙人，让合伙人内心时刻有杆秤，工作张弛有度。

后台支持的职能化。兰台也是在摸索多年后才清晰了不同板块的角色，同时，每个板块又互相支持，财务数据支持人力资源分析，人力资源职业化和专业化的涵养本身就是兰台最大的品牌宣传。

第十章

未来进化思考的问题

人的理性总是有限的，在很多情况下，我们的路径都是基于对问题的解决而形成的，我们虽然抽象化提炼出机制，但我们不会固守于此。因为我们无法脱离我们面对的实际情况，作业律师的成长需要时间，内部管理水平的提升也需要时间，合伙人共识的达成更需要时间，脱离实践的乌托邦实验会让机制没有力量。

带着这样的思考和小心翼翼，我们在未来发展中，还将持续思考如下问题：

一、一体化的界定以及实现

律所的一体化是一种具体可见的状态吗？一体化是否有某种固定模式？一体化有没有评判的标准？一体化是律所发展的终极目标吗？律所在一体化机制下能做强做大吗？

一体化意味着对律所的生产要素的重组，生产要素可以被有组织有规划有目的有质效地排列组合。律所的运营发展就是对律所的生产要素进行排列组合，形成符合律所文化、发展阶段的以满足客户需求为导向的不断动态调整的运营机制的过程。这是一个不断重组的过程。

尊重历史，使律所的发展有根据。每个律所的发展阶段不同、过往发展模式不同、形成的文化不同、管理的逻辑也有差异，所以，不能只看到别人的解决方法，更要看到别人解决方法的基础。

面向未来，使律所的发展有方向。律所发展面对的是变化后的客户需求，是越来越多80后、90后的后起之秀，是科技的融合等，所以，律所发展不能只依靠传统的“英雄主义”，必须有协作、有支撑。

提升站位，使律所的发展有谋划。律所的发展不再是依赖中国经济发展的自然增长，也不再单纯依靠每个个体的个人智慧，所以，必须有对市场的判断，对作业力量的重塑。

重组，就是为了实现相对最优的解决方案。

重组本身是需要动力的。当前，律所运营机制中的共通性问题，就是重组的经济基础普遍偏弱，重组乏力，缺乏动员力、整合力。之所以动力不足，一定程度上是因为目前的运营机制还能勉强应付现在的市场需求，但被动应付和主动出击是不同的逻辑。无论如何，很多律所开启了重组的一体化之路。一体化重组的目的，是使律所开发客户、服务客户的方式更有质效，让律师的发展更有确定性。通过要素、组织结构、管理模式等的改变，进行作业资源要素重组、客户资源要素重组、管理架构重组、文化建设重组，通过重组达到“1+1＞2”或者“5–2＞3”的效果。

律师律所进行一体化的重组，向来是问题导向的，希望能够实现某种特定的目的。比如满足机构客户或平台客户多样化的法律服务需求；比如希望律所的作业律师能够实现专业化的发展；比如应对当前法律服务市场的风云变幻，提升抗压能力；等等。

一体化重组的方法有很多。比如，从法律服务的供给方式进行一体化的重组，或者从作业资源、客户资源的配置方式进行一体化重组，或者从利益分配方式、分配比例进行一体化重组，或者从管理措施调整的方式进行一体化重组。

律所一体化的重组，在重组条件上要讲时机、讲利益、讲共赢、讲规则、讲格局，在具体实施中还要讲大道至简、讲融会贯通、讲审时度势、讲抽丝剥茧、讲底线原则、讲守正出奇。

律所一体化的对象到底是什么？对此各有所见。有人说，一体化意味着统一市场定位、统一业务建设、统一品牌宣传、统一服务定价、统一接案收费、统一分流配案、统一收入分配、统一规范标准、统一律师调配、统一服务保障。这些说法都没有问题。只不过这些说法没有内在的逻辑性，没有顺位。一体化项下的重组，最难的是人的重组。人的重组涉及利益安排，因此重组起来最难。

一体化下的人的重组所要达到的目的是使律所的最重要的生产资源——合伙人和律师，能够在专业分工下利益一致、齐心协力地满足不同客户的不同专业需求。真正的绩点制实现的是合伙人和作业律师和谐的一体化。兰台的一体化实现的是作业律师的一体化——统一配置作业资源，而合伙人则根据其业绩在统一收益率下取得不同的收入。

市场定位、品牌宣传、规范标准、服务保障，本质上与一体化没有关系。无论实行哪种运营机制的律所，在这四个方面都应该是协调一致的。这四个方面需要不断优化，与要素重组没有什么关系。比如，服务保障说的就是律所的行政管理。当前，中国绝大部分律所都是由律师与非律师共同管理，认为专人专岗就是职能化管理了。这种认知，阻碍了律所的发展。专职化管理≠专业化管理≠职能化管理。

一体化最看重的就是律所的增长方式和速度。律师行业整体呈增长趋势。一家发展良好的律所的营收增长速度是否超过了本地律所平均营收增长速度是衡量该律所发展的重要指标。增速本身有的时候并不能说明问题。增长的方式，才能真正说明律所的动力源泉所在。是趋势增速、叠加增速、渠道增速还是内生增速，需要心中有数。因为不同方式与潜藏的危机以及应对的策略息息相关。

律师提供的是以人为本的个性化智力服务。因此，一体化的对象是人，重组的也是人。“化”的是人的专业、作业方式以及发展路径，重组的是人的协作方式以及利益分配方式。如果人都“化”了，还有什么不能“化”的吗？所谓的品牌、规范、定价、行政等，最终都不过是一体化的外在表象而已。

基于以上原因，有人认为一体化的前提是合伙人之间需要“势力均衡”，否则就是名为“一体化”实为“弱肉强食”。少数“律师大佬”借助“一体化”对其他律师的业绩“再分配”，一旦其他律师认为该律所的品牌给他们带来的溢价弥补不了他们在“一体化”中的损失，这些律师就有可能选择另起炉灶或加盟其他管理宽松的律所。

这种认知，其实并没有探究到一体化的经济基础。既然是一体“化”，那么就必须有“化”的动力源泉。在一个商业机构，动力的源泉只能是人力、物力、财力这三力。这三力“化”的方向必须符合趋势。比如，人力的趋势是由弱到强再到弱的，财力的趋势应该是均匀化的，物力的趋势应该是技术驱动越来越强的。一体化，就必须有一个符合趋势的要素组合机制，否则确实很难成功。

二、业务为什么留不住人以及对配置智慧的反思——以反倾销业务为例

不同业务需要不同律师，不同业务留住律师的能力也不同。我们发现，从事反倾销业务的律师或助理，总是在工作三年左右的时候提出离职。我们需要如何认识这个问题呢？除了反思国际团队自己的管理方式，最重要的是如何对反倾销业务定性，以及思考由此带来的作业律师自身成长发展的问题。反倾销业务本身具有垄断性及时间间隔性。所谓垄断性，全国就那么几家律所的几个律师做这项业务，任何一个作业律师，如果没有对这项业务的深度热爱，立志终身从事反倾销业务，并经过比一般业务更长的孕育期，则很难在这个市场上取得一席之地。因此，几乎99%的律师在工作两三年后，了解了业务特点后，就不愿意再做下去。所谓间隔性，就是专业性比较强的反倾销业务每年就几个项目，时忙时闲，具有很强的季节性。如果不改变这项业务人员配置的机制，只能是人来人往，难以沉淀，而且经常是忙的时候人

手不够，作业律师也容易滋生“坐大”的心理，觉得合伙人有求于他。

对于这个问题，我们此前的解决方案是：在一个团队中，比如金融团队，同时配置5个人了解反倾销业务，具有替换的可能性；同时，从作业律师成长以及时间配置的角度考虑，允许相关作业律师从事某一领域的金融业务。只有这样，才能真正解决人员梯队问题以及作业配置问题。只有这样，才能体现一体化配置作业资源的优势。

兰台配置作业资源，应该是从宏观和微观两个角度来进行。

（1）从宏观角度，即律所整体配置的角度，我们应该根据业务特点，根据专业发展，根据打造作业力量的需要，不断调整作业团队：可以细分，从一个大团队中分离出小团队。这样做比较容易。可以合并，两个团队或三个团队合并为一个团队，在更广范围内配置作业资源，优化组合。这样做比较难。

分分合合，既是搭积木，也是分家析产；既是横向到边、纵向到底，也是按需切割。只有不断调整，在运动中寻求动态平衡，在调整中寻求最佳组合。

（2）从微观角度，即针对每个团队的特点，每个业务的特点，不断细化作业配置流程，不断细化作业配置方式，以提升作业质效、提升客户体验。

我们解决类似业务特点带来的团队发展瓶颈问题，就是“配置”两个字，配置时间、配置精力就是配置智慧。如果我们不能学会用这两个字，就不能从机制的设计上、措施的优化上、项目的管理上、文化的熏陶上、价值观的树立上、战略的确定上，用好这两个字，我们就不能搞好一体化。“配置”是动词，是活灵活现，是神魂相伴，是集中力量办大事，是分割力量作好业，是下好一盘棋，是合纵连横，是根据发展说分就分、说合就合，是灵活机动，是标准一致地制造差异鼓励先进，是目标一致地拿下客户、留住客户、发展客户，是我们可以设想的一切措施和方案。

配置，意味着只有我们智慧不足而自己想不到的，没有想到想好而做不到的。

配置，本身就是最大的智慧，就是最大的于不确定性中寻求确定性，就是波澜壮阔地寻求律所组织的意义和价值。需要落地能力以及相匹配的文化，需要合伙人认知趋同以及相匹配的发展战略，需要上下同欲的信念以及相匹配的战必胜的系统能力。

配置，实际隐含了很多前提条件。最大的前提条件是经济基础条件。统一收益率解决了这个问题。其余条件，就看兰台的认知水平和管理能力了。比如，我们对于市场、业务有情绪的认知，有不断开拓新市场以及让市场合并同类项，进而常规化作业的能力；每个合伙人和作业律师有好奇心、职业精神以及合作愿意，更愿意去开创；我们需要业务公开透明，大家是可以清晰了解的，要不然就不具备配置前提；每个人是愿意开放的，这样意味着目前的人需要打开自己，尤其是合伙人；我们需要有个强大的人力资源管理的体系能力，对于基础认知、基础技能，新业务开拓有良好的跟进能力。我们自己必须清晰展示用人的理念，不是简单地看优缺点，而是看能力能不能匹配。

配置是一个特别有意思的词。配置背后蕴含了太多东西，包括配置的能力、配置的文化、配置的习惯，配置和每一个人的感受都息息相关。我们是不是可以考虑创收达到700万元或者某个数额的合伙人，可以配备一个助手？因为一个合伙人创收到了700万元，确实吃劲。一吃劲，人就很容易烦躁。还有，我们吸纳合伙人是不是要使新来的合伙人有融入感？新来的合伙人是不是要实行“五个一工程”：入一个群，以便有研究的氛围；加入一个团队，以便有归属的感受；与一个资深的合伙人配成一个组合，以便有亲切感；当年配置一个律师助理，以便有做合伙人的感觉；配备一间办公室，以便有回家的感觉。

配置资源关系到每个人的感受，就像呼吸一样。合伙人颐指气使，作业律师不高兴；没有人可用，不能自由地使用，合伙人不高兴。

我们就是在这样不断面对问题，不断解决问题中成长的，当下的解决方法或许不够完美，但每个问题的解决，出发点和目标一直没有变化，即怎样更好地服务客户，怎样让律师的发展可持续，怎样真正做到用专业赢得尊重。

三、合伙人如何与作业律师互动

兰台的管委会委员，包括兰台很多的牵头合伙人、合伙人，都非常珍视合伙人与作业律师的互动，也慎重对待每一次沟通后的反省。类似下面的邮件回应与讨论，在兰台经常发生，我们以此举例，是想说明陪伴、反思需要时时刻刻进行，更需要有力的行动。

2021年7月18日凌晨2：38，程阳律师针对培训问题，发了一个邮件。邮件主要内容如下：

今天进行了一整天的培训，有很多需要复盘的事情，我下周会组织复盘，先说几件其他的事情。培训后盖皓请商规团队及培训10组的人聚餐，我也参与其中，和小伙伴们聊到现在，有很多想法及具体建议，因为担心会忘记，所以赶紧写下来。

（一）我们这些作业律师，真的值得我们全身心呵护和珍惜，他们对于客户的珍视，也应当被看见

商规团队的同事都提到了某客户对他们的“消耗”，但他们说，他们只能坚持，我和他们也一起讨论了一些可能的路径。比如，有没有可能把一些业务合并同类项？有没有可能在业务流程上优化？有没有可能在与客户的沟通方面进行改善？这些可能都有一些可以做的，但确实需要“下笨功夫”才行，需要有经验的人真正“躬身入局”，要不然，确实只能是“消耗”。优化常法业务的服务流程，加强同类型业务管理，提升合同审核的质效，增强常法客户的维护技巧，常法业务中其他业务的再开发，客户付费意识等导入，还有很多事情是需要我们去做的，而我们现在实际还是被动地等待，这样只能越等待越被动，而年轻的作业律师可能就是坚持到一定程度后离开。我们是要用时间换空间，但我们只有真正“投入”了，才能用时间换空间。盖皓追问了我一个问题：说他们的精力都放到常法业务上了，很多专项和有价值的业务，他们却腾不出时间来研究，他担心的不是自己，而是商规团队的小伙伴未来在哪里。他提到两点：专业团队的名副其实，以及作业的流转规则。

这些基本盘的业务，我们确实需要好好考虑，也必须快速行动起来，要有变化了，如果再不变化，只能是这样本来就可以做好的事情不断地循环。

（二）合伙人每一次不经意的呵护，可能都会在作业律师心里种下一颗种子

资本团队的一位律师讲了一个小例子，她来兰台第三天就需要出差去乌鲁木齐，于是付律师马上先打钱给她，她特别感动，因为她没有钱来垫付机票费用。当然，我们有出差借款制度，但可能刚入职的小伙伴还是不太熟悉。类似的事情可能就是一个小细节，可是对小伙伴来说就是很大的事情。

这些看似都是小事情，但润滑剂就是这些小事情，导火线也都是这些小事情，我们很多时候的“管理”，不应该是调整我们的机制，而应该是处理好这些“小”事情。

（三）合伙人和作业律师到底应当搭建怎样的沟通机制？

以我自己来说，之前很多律师，都是通过手把手在作业过程中带出来的，而且每次作业必有复盘。但现在时间和精力确实不允许，只能是在一些具体业务以及宏观的层面和流程上去指导他们，但这实际上和他们的期待以及需要是有距离的，那么这种距离问题有没有机会解决？

我突然想到前段时间听“得到”的一节课程，罗辑思维的罗胖提出的一个角度是：我对继任者会说什么？他的假设是，如果他即将退休，只有说三句话的机会，他会对他的继承者说什么？提炼这三句话的过程，就是现在“得到”的一个知识管理的方法论：知识萃取。这段时间我一直在琢磨这个事情，我甚至在想，当我们兰台成立20年的时候，我们做一个访谈集，让合伙人都来思考这个问题，我们是不是真能“萃取”出一些合伙人和作业律师更好地沟通和交流的方式。

我最近一直在问自己这个问题。我想，我会说三件事情。

1. 如果时间倒流，在过去的三年中，有几件事情我一定不会做（也就是我的教训，我不希望大家重蹈覆辙）。

（1）拒绝该拒绝的事，团结该团结的人，我会努力把“事情”和“人”分开，虽然这很难，但总比我现在面临的问题要简单。

（2）用“无限游戏”的视角看待合作中的冲突和矛盾，只要有解决办法，就不应当用“结束”的方式来解决矛盾和冲突。

（3）要做一个有“远见”的人，这样就能把眼前的困难跨过去。

2. 如果时间倒流，我做对的事情，以及未来还会做对的事情

（1）从客户角度，从客户需求角度出发，去思考我们的所有问题，“客户思维”不是说说，而是要真的落实，真的探究。

（2）坚持写作，坚持培训，努力争取上台机会。

（3）每年都给自己制定一个目标，突破某类业务。

3.作为团队管理者，最需要做的事情

（1）作为团队“士气”的调节器和指引器，团队的“气势”最重要。

（2）团队每个人的安全感、成就感、荣誉感的指引和把握。

（3）随时做好退居“幕后”的准备。

这部分我可能还是说得不太清楚，总结成一句话，在兰台一体化过程中，我们必须解决合伙人和作业律师的沟通“机制”问题，而这个问题，靠要求作业律师不能拒绝工作安排是解决不了的，反而会激化矛盾，我们应该通过“沟通”拉近两者之间的距离，让双方“对接”后产生化学反应。我们现在是通过“强行”的方式、通过拉伸实现物理对接，这样的解决思路我觉得有问题。当然，我说的这个方法需要时间，需要我们更细化地投入，但我个人理解，这样做是值得的。

先说这三点，其他的我会陆续整理发给大家，能通过“培训”方式解决的，我会通过各种方式逐步落实。

我希望咱们讨论问题，再“沉下来”一些，可能我们就能离目标更近一点。

上述邮件部分内容有删减，这份邮件在管委会进行了讨论，杨光主任就该问题回复了相关邮件：

就程阳律师所说的沟通问题，我想任何一个有想法的合伙人，在读完邮件以后，都会百感交集。

比如，如何认识坚持问题，以及如何处理坚持问题。我们惯常的要求是鼓励作业律师一定要坚持下去，这似乎合乎我们惯常所受到的“吃苦耐劳”“成功就在忍无可忍之时”的教育或心理引导。但是，在现实中，实实在在不是这样的。一些客户消耗的不但是我们的精神，还考验着我们所谓的“毅力”。我们真的不能作出一种选择吗？通过选择，让伙伴们看到我们的价值取舍。

我们如果不做好选择，我们带给伙伴的就是一种没有品质、无法选择的感受。市场是很艰难，我们需要珍惜客户，但有的客户，珍惜的结果就是信心与氛围的无限消耗。而且，这个市场上一直有人在做选择。选择是一种能力。如果我们不选择，那么，有的伙伴可能就会选择离开，整个团队的氛围就不会提振。关键是，我们的团队就一直在低水平上重复。

我们需要思考，作为乙方，怎样做才能感动甲方？怎样做才能培养好甲方的付费习惯？怎样做才能让甲方万一有大业务的时候念及过往服务交给我们（这样的甲方万一有大业务，也会招投标，去寻找他认为物超所值的律师）？

那些对我们尊重不到位的客户，可能仅仅给我们带来一个岗位的增加，但这个岗位的增加很快就会被低效的付费、团队的不良气氛、没有竞争力的专业等负面的东西消耗殆尽，得不偿失。

选择，是一种能力，是一种勇气，是一种再生，是一种凝集人心的力量。

市场再难，我们也应该培养我们的这种能力。哪怕吃不饱饭。

至于主管律师对作业的指导，必须有一个明确的要求。意见书行不行？必须有具体的指导意见，不能让作业律师自己悟、自己猜、自己想。我们太多时候需要在各种场合与作业律师聊聊，尤其是安排作业律师作业的时候。陪伴与沟通，是最好的指导、最好的培训，是最细最真的交流，是最真最切的关心。

之后，杨强主任就客户选择和取舍进行了回复，并进一步指出：

基本问题是：团队建设应该怎么做？这些年来我们一直在思考探索，如果用一句话来概括程阳的这封邮件，那就是在实现被看见的目标中，本着源自心底的善良，注入我们的温度。我以前也想得挺简单的，认为朝着目标干就是了，哪儿有这么多七七八八的。但这一年来，我的想法有很大的改变：应该在实现我们共同目标的过程中，让大家感受到兰台人的温度。团队建设特别难，把这件事干成了，一体化就干成了！团队建设难，难的原因是什么呢？这个问题不知道大家的答案是什么？

我们就是在如此反复中寻找着答案。合伙人如何与作业律师发生化学反应？我们对于合伙人是第一作业力量，应该有一个清晰的定义和理解：（1）合伙人是兰台面向市场和客户需求，尤其是新需求以及突破性业务的第一作业力量，只有这样，才能实现业务突破，这也是合伙人的首要任务；（2）合伙人是将常规业务、同质化业务标准化和流程化的第一力量，只有这样，高效使用作业资源才有可能；（3）合伙人是指导以及通过作业辅导作业律师成长的第一力量，只有这样，作业团队能力提升才有可能；（4）合伙人是客户是否满意的第一力量，只有这样，才能避免责任混淆，才能对客户进行深度开发，才能更好地提升客户体验；（5）合伙人是作业出现空缺时的第一替补，只有这样，才能解决我们跨专业以及作业力量不足时出现的问题，才能建立起有效的替换与淘汰机制。不断提升客户体验，不断提升作业质量，为客户创造价值，才是我们的生存之本、发展之道，才能共建、共享。

对此应该形成一个认知成果，让全体兰台人深刻知晓。不只是合伙人，也包括律师，律师知晓对合伙人是反向促进和压力，同时也让律师知道，合伙人赤膊上阵，谁都可以是被替代的。如果律师有强烈的被替代危机，是不是作业就好分配了？律所内部要形成竞争，而竞争的前提，是存在替代性的。

四、律所战略定位以及实现路径

兰台2009年提出了自己的发展战略，定位于服务机构客户，定位于做更好的公司法律顾问。在兰台成立20年之际，回头看，向前望，兰台人感受到了时间的力量。

（一）从“做最好的公司法务律师”，到“做更好的公司法务律师”，再到“更好的公司法务律师”

2009年6月的一个下午，在兰台29层的大会议室，在《飞得更高》的背景音乐中，年轻的兰台律师汇聚一堂，讨论这个话题，提出“做最好的公司法务律师”的战略，并由此开始了生涩的实践。

此后，“做最好的公司法务律师”被修正为“做更好的公司法务律师”，再到2020年修订为“更好的公司法务律师”，但核心未变，即为机构客户提供优质的服务。这里有几个隐含的前提，即单凭一个律师、一个律师团队是无法为客户提供全方位法律服务的。这个战略从提出到逐步落地，一走就是将近13年。这些年来，有关“更好的公司法务律师”定位落地被不断讨论、不断实践。

（1）2012年10月22日，基于兰台“做最好的公司法务律师”的战略，兰台要建立自己的优秀青年律师讲师团，提出希望成体系、有内在逻辑地设计讲座，并试想这或许是兰台法律顾问的特别之处。

（2）2012年11月14日，杨强主任发邮件提出2013年的工作规划：集全所之力，雷霆一击。邮件中提到了很多，比如围绕战略，兰台应当重新调整和布局等，而一旦讨论清楚了，走下去，不折腾。

（3）2014年3月31日，如何赢利，盈利点在哪里？邮件中指出：如何服务好每一个客户，如何做“更好的公司法务律师”是兰台永恒的话题。并且提出：法律顾问虽然收费不高，但我们仍然要投入最大的精力，这是因为：如果不投入精力，就做不好，就没有口碑，就会丢掉客户，就没有其他的业务机会，还挣不到钱；如果投入精力，就会做好，就有口碑，就有其他业务机会，就能挣到其他的钱，更重要的是，会形成规模效应。

（4）2015年6月15日，关于某客户投标，杨强主任在回复该投标文件的邮件时指出：一个标书做好了，不但我们有获得客户的机会，更重要的是，这个思考过程，会为我们今后更好地为客户服务提供思路和方法，能够实现“做更好的公司法务律师”战略。每一次总结，都让我们进步一点点。

（5）2016年3月28日，我们启动了法律顾问全书的第二次全面修订，杨光主任在书稿修订说明邮件中提出：做更好的公司法务律师应该怎么做？并进一步指出，我们如何带动团队去说服客户？又该如何指导作业律师？

（6）2016年6月26日，在服务某客户的邮件中，杨强主任提到现在是我们践行“做更好的公司法务律师”战略的时候了。

（7）2017年5月，通过用截图等展现兰台的方式做兰台法律顾问的推介文件，目前大家用的不少PPT中的图片的原始版本，就是源于这个邮件，而这个PPT之后又进行了新的修订。

（8）2017年12月26日，延续修订推介兰台的PPT，提到兰台的讲师团队初见成效。

（9）2020年6月18日，培训是做更好公司法律顾问战略的一环。

2020年7月26日，兰台成立培训指导委员会及骨干讲师团。

2020年12月7日，兰台法务课堂第一讲开讲。

（10）2020年10月13日，兰台设立企业法律顾问研究发展中心。

（11）2021年8月29日，在“更好公司法律顾问”的群里，杨强主任指出，兰台离这个战略目标还差得很远。

这只是部分邮件或对话的梳理，但从这些只言片语中我们不难看出：

（1）从兰台知道培训的重要，到组建青年讲师团，再到我们真正开始体系化地对外进行培训，我们用了8年的时间。尽管我们的培训还有很多值得改进的地方，但对兰台而言，横向比较固然重要，但纵向比较也能让我们看清楚其中的坚持与执着。

（2）我们将对客户的珍视贯穿其中。我们如此努力，是因为希望有朝一日我们不是“被选择”，而是成为客户的“最优选择”。

（3）我们解决问题的速度似乎慢了点，但在律师这个行业，很多问题的解决没有业务作为依托，也没有客户作为底气，很多方法和措施都是口号。我们虽然速度慢了点，但回想一下兰台10年前的客户基础，再看看10年后的现在，我们在量变中为接下来的质变奠定了基础。而且，这些年我们的方向从未动摇。

（4）每个人在兰台的付出都会被记住，记住的方式有很多，大家如果注意看，可以看到邮件中有很多熟悉的名字，仍然在兰台的，或者离开兰台的，不论在与不在，兰台都会记住他们在战略实现过程中为兰台作出的贡献。

不知大家是否从中读出了兰台的笃定与坚持。在时间面前，我们没有撒谎的可能，我们是否努力了，一目了然；我们是否坚持了，不容辩解。

（二）战略落地抽象化可以用“看见”，具体化就是“产品”，而路径就是我们在具体业务上多做一点——以做好公司法律顾问服务为例

常年法律顾问这个看起来每个律师都可以做的业务，在未来也会发生很多变化，我们要看到：

首先，客户变了，组建并壮大法务团队的机构客户越来越多，而且非常多的公司法务团队本身就是一个精品所的规模，甚至是一个规模所，同时，许多公司内部法务的个人能力都非常强，做这样的机构的常年法律顾问服务，我们的价值在哪里？

其次，市场供给变了，尽管我们知道法律服务的非标准化是原则，但我们也不得不看到科技在一些服务中的渗透，现在的很多业务或许明天会被提供更低价格服务的供给者替代。大家可以想象，20年前，银行信贷业务是多么高端和优质的业务，现在呢？任何一种业务，如果我们没有一点面对未来的眼光，被淘汰就是迟早的事情！

最后，同行也发生了变化。当法律服务越来越透明的时候，法律顾问业务的基础战略性将更加凸显。

为此，我们具体的做法要持续，具体包括以下几个方面。

1. 千头万绪，抓住“两头一核心”

公司法律顾问是一个非常宽泛的概念，公司法务律师也一样，其业务囊括了公司生命周期的方方面面，在千头万绪中，我们要抓住“两头一核心”。

两头：可以同质化的业务以及创新或交叉业务。

一核心：客户需求。同样是合同修订，甲方地位的客户还是乙方地位的客户，显然要求会不同；偶尔一次交易的客户与批量交易客户的需求也会有差异。如果我们用“专业”思维的眼光去审视客户的需求，显然核心抓得有问题！

同质化业务，如职工董事离职后，是否需要立马选择新的职工董事，如果不选，在此期间作出的相关董事会决议效力如何？类似问题可能很多客户都会遇到，那我们就应该把这些问题当成同质化业务做完。而做完的标准显然不是简单地回复客户，而是在回复完客户后记录下来，在律所内部分享。如此，给客户提供的一次服务，只要法律规则没有变化，我们还可以提供给其他客户，最关键的是，客户一定会为我们的高效准确埋单。

创新或交叉业务：对于很多客户，我们不断在面临新的问题，比如，个人信息保护法出台后，公司的相关合同文本或制度是否需要更新？显然，该问题不是我们常规处理的业务，但一旦处理后，我们就能将这些创新业务转换为同质化业务。

我们具体为“产品”，以及让客户“看见”，就是在不断让同质业务更优、创新业务更强的基础上实现的。

2.看似如此简单的事情，为什么我们并没有真正做到？制约因素是什么

有多少看似简单的问题我们在处理时只是蜻蜓点水？多少服务过去就过去了，而没有沉淀下什么？

法律顾问服务的零散性让我们许多时候即时服务后没有总结。大家可以想一想，我们亲自处理过的业务，不用时间太长，如果超过半年再遇到，我们是否还能想到当时是如何处理的？如果不写下来，我的记忆基本只停留在“我处理过”以及处理的大致思路上，具体细节可能取决于这个问题发生的频率。

这样看似简单的路径为什么没有真正做到？有三个可能的原因：（1）不知从何着手；（2）不确定是否值得；（3）个人或者单一团队无法完成。

对于我们每个团队以及律所整体来说，逐步通过统筹将零散的问题或某个客户的某个问题，逐步进行体系化的梳理，应该是再次深度践行兰台更好公司法律顾问的路径之一。虽然这个办法看着有点笨，但当我们积累起顾问单位高频问题1000问时，将是另外一番景象。

3.遇到困难，我们能否再想想办法

即使有看似清晰的路径，仍然会面对很多具体的问题，律师职业的专业性让我们受到了“专业”的束缚。只是停留在解决基本的专业问题本身，在我来看，这样做律师最多只能算及格。我想，我们都应该问自己三个问题：

（1）我们在抱怨客户不专业的时候，我们自己真的专业吗？

（2）我们觉得自己专业，那客户认为我们专业吗？

（3）从获知某个客户有需求，到客户会选择我们来提供服务，目前我们做的足够让客户选择了吗？

从“产品”角度，我们用客户能理解、能接受的方式告知和交付给他，才是产品；如果只是展现我们的“专业”，让客户自己来理解，那最多只能算半成品。我们丢失客户非常容易，可能就是一次重要时间点晚接电话，可能就是几次合同没有及时回复，但我们拿下一个客户，持续为一个客户服务却并非易事。

我们要看清楚形势，不要停留在事务本身，每个人都要看到在专业之外，我们还能为未来做点什么。

（三）看似没标准的法律顾问服务是有衡量标准的

1.客户是否会主动提出续约，续约时价格是增是减还是保持不变

法律顾问服务标准最显性的衡量标准就是续约，以及续约时的价格。常年顾问单位中，有没有不续约的，原因是什么？抛开其他不可控的因素，我们的服务质量在不续约的原因中是否有占比？

2.我们有没有让看似被动、零散、随意的法律顾问服务也变得可“呈现”

法律服务报告一般包括服务团队、服务内容、改进意见，服务内容基本是按日志导出后的时间顺序排列。这样的“呈现”真的体现出我们的价值了吗？让客户认识到我们的价值，本身也是服务可衡量的标准。

3.是否有相对统一以及根据客户定制化的服务要求与流程

2018年，劳动团队曾制定过服务常年法律顾问的服务要求，具体如下：

如何提供常年法律顾问服务

——让我们的专业服务使客户可信赖

常年法律顾问是律师最基础的业务类型，不同的客户对常年法律顾问服务的内容、要求、形式及认知都不同。对于常年法律顾问服务，我们提供的应当是客户所期待的、及时的、全面的、有效的、专业的法律服务。

一、服务原则

（一）及时性

对客户需求的响应一定要及时。及时性主要体现在：1.客户需求要及时告知；2.与客户沟通反馈时间，在约定的时间内反馈。让客户在需要我们时能随时找到我们，是我们与客户建立信任和黏性的关键一步。

（二）全面性

客户需求的响应一定要全面。全面性主要体现在：1.要了解清楚客户的真正需求，用自己的专业去挖掘客户真正要解决的问题；2.针对客户的需求，我们要结合法律规范、典型案例、经办部门的实际操作等方方面面给客户出具具有可操作性的意见；3.为客户多想一步，比如一旦涉诉后的法律风险等。

（三）主动性

我们应当时刻惦记着客户。主动性主要体现在：1.我们应当根据对客户的掌握，主动与客户联系，尤其是对于超过半个月未沟通的客户，我们一定要找理由与其进行沟通；2.对于我

续表

们已提供的服务，我们需要根据情况主动跟进客户是否有进一步的需求。这样会让客户有不一样的体验。 （四）职业性 服务的态度应当谦逊、职业。职业性主要体现在：1.体谅客户的着急、不专业，甚至啰嗦以及不合理的要求；2.在与客户沟通出现问题时，要张弛有度，避免情绪化；3.邮件回复时避免简单的一句见“附件”，邮件正文中应当有对核心情况的说明。 （五）开发性 我们在服务的同时，应当具有深度开发的意识，对于可能开发为专项法律业务的，要有意识地跟进。 **二、转变服务模式，从粗放式服务到精耕式服务** 我们的常年法律顾问服务一般服务内容都是笼统地包括合同修改、日常咨询、法律意见出具、提供培训、谈判等。对于没有专业法律团队或者法律团队较弱的公司，我们提供的法律服务往往是零散的，我们做得最多的事情就是审核合同和日常咨询。这就是我们常年法律服务的常态。从这个角度看，我们的常年法律顾问服务还停留在一个非常粗放的水平上。因此，我们需要转变我们的常年法律顾问服务模式。 （一）变被动服务为主动服务 就常年法律顾问服务而言，我们在大部分情况下的服务都是被动的，主动服务是很少的。这种被动的状态一方面会造成客户体验不好，另一方面实际上也会让我们的时间不可控。为

续表

避免这种被动，需要我们变被动服务为主动服务。 1.针对企业所处发展阶段的不同，主动提供不同的服务 初创、发展、平稳、衰败，这是一个轮回，处在不同发展阶段企业的需求、状态完全不同。初创企业生存是第一要务，我们对于其核心法律风险的预判以及措施必须考虑到他们的生存以及管理现状；发展阶段问题最为频发，我们要用积累的成熟企业的经验提前帮他们想到可能遇到的问题以及应对措施；平稳期的公司对于合规的要求会更高；衰败期的公司纠纷会更多。 2.主动了解公司及对接人的信息 我们必须了解与我们对接的人的状态、性格以及在公司所处的地位，这样我们才能更有效地了解该公司的信息。 3.想尽办法主动联系 （1）新法速递：归类编辑法律法规，定期发给客户； （2）对与客户相关领域的行业监管政策的快速解读； （3）主动的培训计划以及课程； （4）主动推送资讯、微信文章等； （5）必要时候的主动面谈。 （二）倾尽全力，竭尽所能，做好客户服务 1.调整心态，接受并做好业务 每个律师对客户的服务，都会经过以下四个阶段：第一阶段，只是就专业而专业，甚至做到就专业而专业都很难；第二个阶段，基本可以完全响应客户的日常需求，可以和客户进行

续表

有效的沟通，客户的依赖在慢慢形成，这时候不仅有专业知识，还慢慢有了专业感觉；第三阶段，可以提前想到甚至深入挖掘客户的需求，对客户提出问题的建议不再限于专业知识本身，而是能提出更有操作性及价值的建议，这时候就与客户建立了相对深度的信赖；第四阶段，客户愿意为你的服务直接买单，甚至愿意为你引荐客户。 要想真正成为独立的律师，而没有大量的业务是不能实现的。因此，我们在提供常年法律顾问服务的过程中，要调整心态，即使遇到再难缠的客户，也要竭尽所能地满足客户的需求并做好业务。 2. 用客户可以听懂的语言有效沟通 我们的专业需要体现在在专业的人面前显示出我们的厚度、积累、见识，在非专业的人面前简单明了、言简意赅地讲解。同一个问题，对不同的人要用不同的方式进行解释。 对于常年法律顾问服务，由于我们业务的特殊性，在很多情况下，我们面对的都是非专业人士，所以，我们的专业表达会比其他业务领域要求更高。我们不要去抱怨客户的不专业，而是要用客户可以听懂的语言有效沟通，使出具的意见能在客户那里得到真正的落地。 **三、服务流程** （一）签约阶段 1. 建立档案 每个客户单独建立档案，包括电子档案和纸质文档，在OA

续表

系统中立案。 2. 了解客户所属行业的法规政策 了解客户所属行业的法规政策，尤其对于属于监管类以及行业性特别明确的客户，需要快速了解这个行业的监管政策等。 3. 了解客户的内部组织架构 了解客户的内部组织架构，知道客户内部的汇报条线，与我们对接的联系人在公司的地位以及话语权。 4. 了解客户的工作习惯 了解客户的工作习惯，是习惯用邮件、电话（座机或手机）、微信、钉钉还是其他方式沟通，比如有的客户习惯当面沟通。 5. 了解客户的沟通习惯以及对时间的要求 有些客户习惯电话沟通，对时间要求非常迫切，有些客户喜欢用邮件沟通，除特殊情况外，基本上会留足工作时间。 6. 了解客户发出工作需求的方式以及习惯 不同客户发出工作需求的方式是不同的，有些客户出口是一个，由一个人对接，有些客户出口是多头的，由不同的人对接，这些都需要提前了解清楚。 7. 了解客户对服务需求形式的要求 通常有强大法务团队的客户对形式要求大部分比较苛刻，其他客户有时候口头咨询也可以，形式不同，直接决定了我们的工作小时数以及工作方法。 每个客户我们都需要了解这些信息，了解完这些信息后，

续表

我们才能知道这类客户我们用哪种方式提供服务，他们的感受会更好一些。 （二）服务阶段 有些客户有非常稳定的需求，所以，签约后我们不需要过于主动，但有些客户基于各种原因需求不确定，因此签约后的服务模式就会非常重要。对于签约后迟迟没有需求的客户，尤其需要主动联系。 1.业务需求的对接以及工作情况汇报 这是我们服务的基础，也是真正的价值所在。根据具体客户的不同，而采取不同的汇报方式。 2.主动资讯类的提供 尤其对于服务需求不多，或者暂时没有服务需求的常年法律顾问客户，一定要定期发资讯或者通过其他方式与客户定期沟通，对接人应确保每个月至少与客户联系一次，了解客户的情况。 3.主动培训类的提供 对于战略性客户以及服务需求不多的客户，可以主动发出培训邀请，这是有效建立黏性，激发需求的一种最好的方式。 4.必要时的客户拜访 对于3个月以上没有需求的客户，必须有一次正式的拜访。 （三）续约阶段 1.及时告知 续约必须提前2个月开始准备，负责律师必须在合同续约

续表

前1个月告知主管律师以及案源合伙人。 2.制作年度工作报告 制作工作报告展现一年的服务成果，工作报告一方面是罗列服务的事项，另一方面是提炼对公司有建设性的意见，而后者也是最为关键的。 3.有针对性地提供服务 对于服务需求不多的客户，我们要分析客户需求不多的原因。对于业务经营稳定、法律服务需求少的客户，我们可以主动提出改善型的意见，比如对目前使用的合同模板、制度模板等提供主动的服务，从中发现问题，让客户看到我们的专业能力；对于压根不会使用律师的客户，我们需要进行相应的辅导。 **四、服务标准** 1.每个月更新一次常年法律顾问服务的总名单。 2.每个客户独立建立档案，对接人负责合同的签订、归档、付款的跟踪、服务过程中的客户拜访、续约前的总结以及续约等。 3.逐步完善为客户提供主动服务的产品，比如资讯推送、开展培训、预防风险等。 4.有开发客户的意识，统计客户衍生开发的情况。 5.对于服务时间超过1年的客户，对接人应清楚客户的核心风险点，清楚客户的业务模式等。

续表

五、服务价值 律师的专业性在很大程度上体现在对客户需求的判断上，不同层级的律师对客户需求的判断完全不同。常年法律顾问服务，实际上是律师专业全面提升的最好形式。对于常年法律顾问服务而言，服务价值主要体现在律师的专业提升。 （一）全面把握客户需求能力的提升 企业作为市场主体（事业单位等除外），我们在为其提供服务的过程中，要了解法律风险在其经营过程中的考量比例、考虑方式，取舍的判断思维模式，这些都有利于律师日后全面把握客户的需求。比如，合同绝对不仅仅是合同，我们应该从经营角度去动态地理解合同的意义，这样，经过我们审核的合同才有生命力，也才能经得住考验。 （二）沟通能力的提升 相对诉讼、非诉等专项业务而言，常年法律顾问服务过程中，我们沟通的客户对接人的差异性是最多样的，同样的问题，我们可能需要根据对接人情况的不同，不断地转换沟通模式，这样对于我们沟通能力的提升是潜移默化。 （三）整体考虑问题能力的提升 专业人士特别容易受“专业”所累，但在与客户的不断对接中我们就会发现，对一件事情的考虑是多元的，我们不断地复盘和与客户的每次沟通过程，就是我们逐步地更全面考虑问题的过程。

不得不说，我们目前这些衡量标准不清晰，落地力度会因人而异，因客户而异。如何将好的服务经验不断转换成兰台的经验，如何将某一个客户服务过程中的教训变成兰台的教训，这是兰台管理进化必须考虑的问题。

对兰台“更好的公司法务律师”战略，用常年法律顾问来加以解读，并不是要向大家传达“更好的公司法务律师”等于常年法律顾问。专业团队的建设、团队的协作，才是“更好的公司法务律师”的集中展现。以常年法律顾问举例，是因为这个传统的法律服务产品虽然司空见惯，但要真正做出价值却更考验我们的智慧和能力。我们如此多的人在做这件事情，如何集合每个人的智慧，避免我们每个人曾经或多或少犯的错误，我们的产品就不仅是对外给客户创造价值，对内给作业律师带来成长，还会给合伙人带来市场机会，是一举多得的事情。

五、一体化下专业团队发展的实践：以劳动团队的发展为例

兰台劳动团队的专业管理分成以下几个层次：（1）以百问百答和微信的每日一问为展现方式，分模块完成劳动方面的知识积累，这样任何一个到劳动团队的人看到这些基本的问题都能有所了解，向客户推出后，效果很好；（2）从微信兰台视角，分门别类地完成了劳动团队从案例库的建立，梳理了常见纠纷的裁判规则、争议点、证据认定；（3）以每个月的兰台大讲堂，完成以专

题为模块的业务梳理，这样让每个人对于劳动的每个业务板块都有更清晰的认识；（4）通过对劳动诉讼业务的梳理，完成了劳动诉讼代理的流程化，从案件事实调查，到各类诉讼文书和案件归档，劳动团队每个人都清晰地知道各个环节的标准；（5）通过新开设的“调解室的故事”，要完成的实际上是劳资谈判技巧和技能的总结，最终会通过劳资谈判技巧的课程展现，而落实就是在裁员项目中，每个人都有能力介入谈判；（6）定期汇总出具的法律意见书，这样就知道哪些问题研究过、哪些是高频事项，在出具意见时可以做到快速、专业；（7）把劳动方面的法律文本分为三类整理，从合同范本到通知流程类文件，再到规章制度，各个方面在持续加强；（8）通过“裁来才去”的微信专栏推广在裁员方面的工作流程、工作心得、专业体会；（9）将知识管理和业务开发相结合，流程基本完成，现在在磨合中。

客户开发以及服务的需要：不断追问客户，到底要解决什么样的问题？我们可以创造怎样的价值？在市场持续发声，可以通过互联网、公开课、月报、研讨会等。

知名度与美誉度并重，持续告诉别人：“我是兰台，我是兰台劳动团队。”要有规划、有方法、有技巧地持续宣传。

我们是不是真的有了越来越多的客户，有了越来越多的优质客户？我能对此贡献什么？我们就是一群持续将劳动团队打造为市场真正的“劳动法第一团队”且有目标、有方法、有奋斗的人。

重新定义我们的服务：客户需求提升我们的认知。比如，一个客户的员工罢工了，这是一个什么业务？这需要我们用法律和管理的方式协助客户解决发展中的问题。传统业务是基础，传统业务的新做法是：与客户贴得更近。

兰台缺什么？业务成就律师，我们缺市场上最一线的业务，缺真正带动团队提升的业务和人，缺将知识管理成果用好的技术手段，缺理论前瞻性的实务时间，缺跨专业领域合作的长效机制。

六、结语

在实践过程中，有合伙人提出了以下问题：（1）我们如何拿下一线市场和业务；（2）如何做好作业流程沉淀、优化和知识管理；（3）如何能一批批地让团队和个体长大。当然，还有其他各种各样的问题。这些都是过程中的问题，是具体问题。我们在一体化机制下，在解决这些具体问题中不断向前。

作业质效提高，必然能拿下一线业务。合理进行职级评定，律师必然有清晰的晋升路径，比如业务组负责人晋升为合伙人，其余人员成为业务组负责人（主办律师，像顶子弹一样）。作业流程需要的是梳理，不断优化，不断沉淀。知识管理是一项工作职责和职能，需要律所提出便于执行和落地的措施以及技术支持。以知识管理为例，我们从提出到设立管理委员会，再到明确知识管理的具体落实工作事项，一步步推进，让作业律师看到更高水准的作业标准。

（一）执行的程度决定了最终的效果，也造就了差异

根据每个团队的专业特性，仔细评定每一个人的业务能力和岗位职责，切实将职级制度落到实处，将绩效考评所制造的差异落到实处。这是如此浅显易懂的道理，但落地才是“管家”。我们将这些措施一个团队一个团队地落实，写下来、执行、复盘、继续执行。从具体事情做起。一个作业律师一个作业律师地进行评定、定责。一个业务性质一个业务性质地进行分析、匹配。同时，我们又通过不断的彼此深入来助力其他团队成长。比如，争议团队、金融团队、劳动团队、能源团队、家事团队先做个示范，落实职责、落实考核。

我们所有的因素都以人为本，但在认识上还需要无止境地深化，在措施上无止境地落实到细节，落实到位。所有的工作，都应该从人的角度出发并思考问题。围绕三种人——作业律师、合伙人、客户，做篇大文章。比如，每年盘点总结的时候，是不是应该改变模式。每个团队的总结应该按照如下模式进行：（1）从作业律师的角度，每个作业律师的幸福感、获得感怎样？作业质效（单位小时数的创收以及质量）是否有提高？作业到底在哪一个职级？团队对于作业律师的专业培养以及文化涵养、理念塑造做了什么工作？团队作业律师整体是否发展壮大？（2）从合伙人的角度，服务了多少名合伙人？合伙人体验如何？与服务的合伙人进行了什么沟通互动？合伙人一个年度下来，在二次分配的7个指标上到底有什么提升？（3）从客户的角度，进行了什么样的

回访？客户的反应如何？如何提升客户体验？

洞察机制的本质、洞穿发展的未来、洞观管理的抓手，都要落实在“人”字上，简练、简化律所运营的本质，就是一切围绕“人”，一切为了“人”，一切服务“人”，做好“人”这篇文章。这样，打造作业力量，就变成了一个具体的目标；开发一线业务，也成了一个过程。

（二）我们要做什么很清楚，关键是，我们能够做到吗？我们为什么能做到

由于我们发展中出现的一些问题，兰台的许多律师开始怀疑一体化机制，我们是不是有些像挑战风车的那个人？一些优质合伙人不来或是离开是现象，这个现象背后一定是我们出了问题。找出我们的问题是什么，怎么解决这些问题，才能有真正的改变，而不是停留在现象层面，甚至是只在现象层面去感慨。

管理上，我们不可以说不努力，不可以说不用心。那么，是我们的努力用心不够吗？还是路径、方法等有问题？我们需要坚持什么？如何坚持？

一体化有很多可以说得出来的好处和优势，但这些好处和优势是“设计”出来的，还是“想象”出来的？能够落地吗？落地需要什么条件？另外，还有很多细节性的问题，就是合伙人如何能够尽快并且不麻烦地提出收益来，这也是很多所吸引合伙人的一个方面。

一体化，我们要坚定不移地走下去，但在往下走的时候是不

是可以有些改良？合伙人与作业律师也有一个相互征服或佩服或信服的过程。不是因为他领薪资，你是合伙人，他就天然信服你。尤其是在兰台，当你不是他的直接领导的时候。

一体化问题根源是什么？根源是一体化天然的大锅饭属性。既然是属性，就与人性相关。我们是在挑战人性吗？

一体化的大锅饭属性表现在两个群体上：合伙人和作业律师。合伙人暂且不提，因为目前兰台一体化设置中将合伙人考评交给了市场。一体化机制下律师的问题有很多，最突出的问题是什么？因为一些律师的推卸作业和不尽责，合伙人在交办业务时不能做到如臂使指。怎么办呢？有如下措施：绩效考核。具体的方式是除了之前确定的绩效考核的具体指标，增加一项指标：参考20%的成本比例，通过对每个作业团队的职级评定考核每个主办律师完成的绩效。即使定级定得好的，也有一个比照制度不断反思与自省的过程。

三三制：作业数量、作业质量、作业体验。其中都包括了绩效考核的意思。

作业数量包括三个指标：总小时数、单位小时质效（就是20%以内的作业成本比）、服务项目的数量。

作业质量三个指标：交办业务合伙人评价、客户评价、主管律师或牵头合伙人评价。

作业体验三个指标：交办业务合伙人体验、客户体验、主管律师或牵头合伙人体验。

三三制=职级制度的“五业”标准。同时，要有过程性的总结。

总结的形式采取书面考评的方式是不是比较好？比如，对每个律师进行书面考评，考评内容分为三个部分（三道题）：（1）通识部分（包括对兰台机制的理解以及完成作业精神的反思）；（2）专业部分（根据一个季度的作业来出题）；（3）作业业绩（包括知识管理或贡献部分）。

考官由律所统一选拔，不再下放到团队，不再由团队单独负责。要在全所范围内，比一比，看一看，才能心里有数，更好地打破部门壁垒。这样的考评方式，润物细无声。不必总是开会。而且，是不是有真才实学，也能够一目了然。当然，这种方式不好落实，但我们要想办法根据每个作业律师的时间，在一个礼拜内完成。这确实需要拿出时间来，但效果一定会好。我们出台一个新制度，必须能落实、能坚持。

既然总结，就做实了。现在，每周都有例会了，每周都总结了，搞季度总结或半年度总结，如果没有一个实实在在的方式，就只不过是周会总结的放大版。因此，必须设计出来一种能够让个人真正反思的方式。包括专业，很多人觉得自己还可以，其实考一下就知道自己与其他人的差距有多远了。当然，总结方式，可以探讨。既然总结，就必须见真家伙，就必须下真功夫。如果采取个人书面考评的方式，考官也可以选择本季度与作业律师有交集的合伙人担任。

考评或总结真是一门学问。其核心是促进交流、促进信任、增强干劲，解决过往的问题。因此，从形式上而言，是不是可以有多种，比如总结会、书面考评、恳谈等等。但核心内容与思想不能变。这需要专人进行设计。

考评，本质上就是员工关系管理。管理员工关系，需要达到的效果就是：（1）人人都觉得自己被重视，受信任，也就是所说的以人为本；（2）人人都觉得越来越有愿力、有奔头、有期待；（3）人人都觉得越来越有进步、有干头、有路径。总结与考评不能变成合伙人与作业律师之间的对立。我们大多数律师是好的，需要我们在珍惜中鞭策、在鼓舞中指正、在说教中提升、在总结中获益，同时需要合伙人身先士卒，以身作则。所以，对于考官，也需要有一个守则与要求，不能泛泛地，就让一个合伙人当考官。考官必须是与作业律师有作业交集的人，在担任考官的时候，需要公心、公正，并反思自己。

我们坚持管理始终如一的理念。方式可以多样，而且管理的时候，最好是无声无息的，不要过多地打扰不相干的人。个人书面考评有一个好处就是，可以针对这个季度的这个作业律师特定的问题出题（因为交办作业的合伙人最清楚，可以由该合伙人出题），无须抄送一堆人。最后，向主管律师或牵头合伙人汇总结果，再向管委会汇总结果。

正是基于上述思考，兰台这几年来不断通过考评，尤其是数字化考评让每个人感受到压力，用压力带动成长。

（三）没有一劳永逸解决问题的方法

我们现在发现了问题，就给有问题的人“吃药”。不要以这个问题的答案作为预防措施去给没有问题的人灌输。这种灌输，很多时候得到的可能都是负面效果。“一人有病，大家吃药”是统一管理最大的弊病。管理标准与尺度是统一的，管理措施是有差异的，才能真正体现人文管理。制造差异是管理的精髓。因为，人本身就是有差异的。我们说规则和标准是统一的，不能变。变的是过程中的方式，以使规则和制度无差别地落地。

在欧美一体化律所，律师是积极要求作业，求着合伙人分配任务的，但兰台发生过律师推诿作业，合伙人求着律师作业的情形，这背后是什么原因呢？

背后的原因有很多：（1）招聘体系的要求不到位；（2）薪酬标准和市场上存在差异；（3）薪酬体系的考核方式与作业量，包括质量和数量，没有切实挂钩，每个年度对每个人的晋级没有切实量化考核，律所各团队之间不平衡；（4）你追我赶的氛围没有形成，形成的是作业律师托大，没有危机感；（5）合伙人和作业律师没有切实发生化学反应；（6）主管律师和牵头合伙人不敢要求；（7）年终奖应该与每个团队和律师的作业创收挂钩，不能凭感觉；（8）律师到四年级左右的时候是否要主动淘汰一次，不能按部就班都升级，最后积累了一些有年资但能力不足的老律师。

清晰考核是一切的基础。应该不断提升律师的待遇，这既是因为律师是兰台的未来，也是为了让兰台的制度有落地的能力；同时应该持续不断提升加入兰台的门槛。

兰台培养起来的合伙人有几个优势：（1）认同感强，认同兰台的文化和制度；（2）对作业律师的使用，相较空降的合伙人，更如臂使指；（3）专业能力比一般引进的合伙人强。

在绩效考核中，要时刻警惕：对律师的绩效考核要避免引起独联体化的倾向。合伙人应该明白，只有在奋斗、参与中，才能去掉玻璃心，炼成铁石心。与作业律师沟通之后，我们越来越能理解信服是管理的前提。

成长本来就是很难的一件事情，更何况，我们是在做一件更难的事情——团队一起成长。所以，这里需要我们解决三个基本问题。

1. 协作中打磨共同的工作习惯、沟通习惯

每个人的背景、经历、性格以及期待等的不同，让我们有着不同的做事风格、思维体系，这些都很正常。但是，我们要想一起成长，就需要一起打磨一套团队共同的工作习惯、沟通习惯。什么是共同的工作习惯？比如我们微信群每天通报外出事项，每天晚上复盘当天工作，工作中出现错误随时指出，有困难及时提出，彼此可以成为可信赖的依靠。在这个过程中，会有冲突、矛盾、委屈、误解，需要我们不断通过有效沟通加以解决，而沟通需要我们彼此敞开心扉，彼此不在会议室外抱怨。

2. 正确认知协作中同伴的不足和缺陷

我们都会对彼此有期待，很快我们就会发现彼此身上的不足和缺陷，或者这些不足和缺陷是你多少有些不喜欢甚至厌恶的，但我们确实需要看到同伴身上的优点。

补位思维是我们认知同伴缺陷和不足的正确方式，而不是盯着不放。在这个过程中，我们应该一起对准目标，如果同伴有专业上的不足，那我们是否注意到他们对市场的敏锐度和与客户建立起来的深度信赖。未来的法律市场，越来越需要协同，发挥各

自的所长，对准客户的需求，补位同伴的不足和缺陷。

3.不要只是期待成长，却又逃避挑战

每个人的期待都是美好的，然而实现期待是需要较真的，自己和自己较真，彼此较真。成长本来就是一件很难受的事情，注定不会轻松。

既然如此，遇到难的案件，遇到不会做的事情，遇到时间紧张，我们要做的不是转头放弃，而是死磕。这种死磕，应该是我们团队的一种信仰，不要找理由，没有理由，我们只要结果。所有的人，只对结果负责，可以关心情绪，但不用在意。

同时，我们必须清楚淘汰机制的建立也非常重要。年终奖与晋级幅度，一定要与作业成本比、与作业量结合起来。淘汰机制的建立，是一个机构最重要的能力。如果只能等律师反向淘汰机构，那无论什么文化、什么考核，都没有用。兰台需要思考，我们是否没有否定评价机制？还是否定评价机制没有起作用？针对兰台的现状、兰台的发展阶段，淘汰机制如何建立？必须建立起来：（1）日常否定评价之后的改进；（2）年度否定评价之后不晋升以及淘汰。

淘汰机制的建立是一种能力，当然，也需要很多条件：（1）与市场相比，有竞争力的薪酬。（2）淘汰的时机。有时候，我们需要咬着牙淘汰不合适的人，即使因此缺人手。这样才能使考核落到实处。（3）人才的来源。一个机构，管理机制建立的底层逻辑有很多种：一是敬畏逻辑，就是淘汰机制；二是激励逻辑，也可以说是荣誉逻辑，这是目前兰台的倡导。两种逻辑应该交互发挥作用，如果仅有一种体系，经过这些年的实践证明确实是有问题的。

要审时度势。我们要把当前的体系建立好，着手建立淘汰体系。比如，直接面向市场，以3万元或者符合市场水平的薪资招聘律师，作为备选。培养心存荣誉，并为此努力，是管理的上上之道；培养心存敬畏，是管理的中下之选，有时是无奈之举。因为不是所有的人都能体会管理的善意，更不是所有的人都志存高远，愿意竭尽全力实现梦想。

我们要通过考评，留下这样一批人：认同兰台的善意与理念；知道对错好坏；愿意循着职级路径往上走。

对于团队建设，我们能否将“逐一解决问题”作为一个思考维度，每解决一个问题，或许，我们就能往前走一些，在这个过程中，再就团队建设等抽象化问题逐步达成共识？团队建设会存在很多问题，而且永远都会存在。闭着眼，我们能够随便挑出来几十个问题，而且有的问题可能一时半会儿也解决不了。但没有关系。有些问题是普遍性的问题，是所有机构、所有团队需要永远在路上解决的问题。

关键是我们怎么做。

一些老话是颠扑不破的道理。可以用这些老话来不断改善我们的管理，但也只是改善，不等于解决。对此，大家要有自信，要相信兰台，相信管委会有这个力量，有这个决心。

（1）最重要的是机制自信。

我们要相信，行业一定朝着更有组织的方向发展。在这个方面，兰台较大多数律所先行一步，而且既有痛彻心扉的实践，又有发人深省的批评，我们在体验上至少是领先的，在方向上至少是正确的。对此，我们应该感到自豪，感到骄傲，并坚定这个信心，提升这种自觉。机制自信的关键，是我们有一群志同道合的人。我们就是领头羊。

（2）团队建设层面，抓住关键少数。

兵熊熊一个，将熊熊一窝。管委会每个成员、牵头合伙人以及主管律师，是我们的关键少数。我们一定要在这个层面上扎实工作，真正选拔出有担当、能尽心、敢想敢干的关键少数。所有的问题，都是关键少数出了问题，都是关键少数履职能力以及履职愿力的问题。对此，我们要清醒认识，并勇于做自我批评。

（3）律所层面，需要做好三个方面的工作。

第一是要在配置智慧、配置资源方面下功夫。名正言顺、顺理成章，要使兰台的专业分工、专业协作以及智慧配置横向到边、纵向到底。第二是不断强化职能管理的水平和能力，在人力资源、行政管理等方面，使大家如沐春风。第三是意识教育以及培训，从细节到意识，从专业到客户等，均需要进行全面的意识教育以及培训。

（4）在势能方面，兰台的规模化以及品质化，均需要不断提升。规模化，人人有责。其中特别重要的是如何将兰台有品质的文章以及信息推广出去，扩大兰台的关注量以及阅读量。

（5）一个人、一个环节出了问题，我们需要既有问题导向思维，这可以使我们具有迅速解决问题的能力、迅速平复问题的能力；也要从每一个问题中思考如何进行系统性的改进，这使我们的机制具有不断优化的能力。

我们拥有一个共同的目标，我们都心怀最大的善意，我们都有共同的愿景，我们都愿意为行业探索出一条可以组织协同的路径。我们针对这个问题想清楚了吗？究竟该怎么做？我们对合伙人是不是需要分级，需要优化？既享受联合体的好处，也享受一体化的好处？或者我们的文化、我们涵养的习惯、我们的管理水平，是不是达到了一体化的要求，人人抢活干，人人以助人为乐，人人以兰台为家？我想，还没有达到这种状态。是不是只有达到这种状态，一体化才能建成？

我们走在成功的路上。

第十一章
律师眼中的一体化

人，是一切的根本①

《机制的力量：律师事务所管理模式与实践》付梓出版了，到底如何理解一体化，于我而言，一直思考的是什么是最简洁而有力的表达。一切组织的核心，是人。尊重、协作、分享、合力，是以人为中心的组织存在的原因和目的。我想还是从人的角度，来谈谈一体化。

首先是从律师的角度。律师无疑是律所的未来。如何给律师一个未来，一个能够确定生长、清晰发展、前途无限的未来，是所有律所面临的最大挑战。这就要看律所能够为律师提供一个什么样的生长环境了。好的生长环境，应该具备如下几个要素：提供通识专业训练基础上的专业分工的工作机会；能够因为工作安排在一个专业领域内服务不同的合伙人，有机会向不同合伙人学习，并因为被不同合伙人比选而产生竞争意识；因为薪酬比，一开始就养成市场意识以及记录工作日志等良好的工作习惯。

其次是从合伙人的角度。律所提供给合伙人一个什么样的市场开发以及完成作业的平台？兰台一体化提供的作业资源配置，使合伙人能够服务于机构客户不同的业务领域；给客户带来真正

① 本文作者为兰台律师事务所创始合伙人、管委会委员杨光。

的专业体验；使合伙人能够不受限于自己的专业领域开发市场带来收益，使所有潜在的市场资源转化为生产力。

最后是从客户体验的角度。客户的每一种专业需求，均能够得到不同专业团队及时、充分的响应。兰台一体化机制的根本目的，就是提升服务质效，提升客户体验。一体化机制下的客户需求导向，使专业分工有组织、有配置。

从人的角度出发的一体化机制，产生的是耦合效应（Coupling Induction）。耦合效应也称互动效应、联动效应。作业律师与作业律师之间、作业律师与合伙人之间、合伙人之间因为分工而协作，因为协作而分工，相互作用、彼此影响、合力增力，产生的是耦合效应。

在兰台一体化机制下，因为有组织的专业分工，没有一个个体不需要在作业过程中寻求其他个体的协作，因而产生耦合。而且，随着专业分工的精进、作业资源配置效率的提高，耦合得越来越紧密，进而联动作用就越大。良性互动的耦合，可以产生正向的尊敬、协作、信任、赞赏等情感互动，推动有质效的合作、更好的合作，进而真正解决客户的问题，以法律服务为客户创造价值。

《机制的力量：律师事务所管理模式与实践》以律师、合伙人、客户为原点，在中国律师事务所变革的宏大背景下，以建设性的理性思考，探研兰台过往廿年的轨迹及未来的前景。

一体化机制需要睿智的管理能力予以落地，在不打扰、不说教的场景中，通过制度设计内在地牵引、激发合伙人、作业律师的愿力及行为；需要持之以恒的价值坚守及文化认同予以涵养，在一种有组织的分工与协作的生态氛围中，使客户获得有价值的服务，不断提升客户体验。

兰台进行着“存在即合理、美好可预期”的一体化实践。

机制设计易，知行合一难。希望这本书能够汇集起兰台深刻的思考以及过往坚韧的实践，像种子一样，能够生根、发芽、释放光芒，在瞬息万变的时代，为律师行业提供一个有参考价值的样本。

看见[①]

——为有希望而奋斗

兰台是一家一体化公司制管理的律所，创立20年了。

一体化的含义，是先“分”后“合”，内“分”外“合”。这个“分”，有两层意思，一是合伙人要把不擅长的业务分出去，二是律师要分成不同的专业团队。分是为了合，为了合力服务客户。

如果是这样，在一体化的律所中，专业主义应该得到凸显。专业主义的核心是希波克拉底誓言：向上帝发誓，以此为职业。这句话的兰台解读就是“以兰台信誉为第一信誉”，对服务的每一个客户，都用尽心力。

一体化公司制的好处，是那么容易被理解、被认同。从最功利的角度出发，也是那么清晰：合伙人以及他们各自带的团队不再是“全科大夫”，不同专业领域的活可以由相关专业团队来完成，以此来获得客户的信赖与赞赏，赢得更多客户的选择。

这么好的事情，在律师行业鲜有成功践行的先例，很多领先的律所都努力过，却大多回到了原路。不能铸就专业团队，是一个重要的原因。

---

① 本文作者为兰台律师事务所创始合伙人、管委会主任杨强。

专业团队的铸就，是一个过程，而且是一个永恒的过程，没有尽头。从这个意义上来说，一体化公司制本身，不是一个结果，而是一个过程，一个因为专业团队的铸造而越来越好的过程。

过程的含义，不是坐等，而是参与其中。

专业主义是应该有载体的，专业精神应该被看见，专业本身应该被看见，因被看见而被激励——被客户激励，被伙伴激励，并在不断的激励中昂扬前行。

兰台人感谢这个伟大的时代，人类几千年聪明才智的累积，成就了这个时代。在这个时代，兰台人铸就专业团队，追求专业主义的过程，得以被记录，能够被看见。

专业主义首要的含义，不是专业本身，而是专业精神，是对伙伴、对客户富有的最大善意。兰台把对伙伴的最大善意放在首位，是深知只有这样才可成就“二人同心，其利断金”之兰台。

怎么铸就专业团队，进行团队建设呢？这个问题不是一体化公司制律所要回答的首要问题，却是建成一个公司制一体化的律所遇到的最难问题。

富有最大善意之专业精神，是抽象的、主观的，但却是根本的，它根植于文化，要被制度表彰。专业本身，是具体的、表象的，是能被看见的，它和专业精神是一个硬币的两面——专业每一次被看见，都搭载着专业精神的外显。

唯有光阴，不负匠心。兰台人信奉这句话。是技术，让这句话在这个时代实现。匠心，意味着十年磨一剑，但可一剑封喉。而因为技术，因为这个时代，磨剑，不用在小黑屋里孤独地进行，这个过程可以被看见，可以因被看见而被表彰，可以因被表彰而走在一条充满鲜花的路上。

因为技术，团队建设的过程成为一个被看见的过程：业绩的总结不再仅仅是投标时被几个评委看到，可以被伙伴瞬间知道；法律问题的总结、专业问题的研究，可以被伙伴瞬间分享；你的努力与坚持，可以让伙伴瞬间了解。所有这些都让伙伴看见：你存在，你专业的存在！

专业被看见的过程，是一个专业精神被凝聚、被提升的过程。内敛于心的专业，化为可以被看见的业绩、文章、讲座、专著等，这更艰难。

对匠心筑梦的人来说，这是一个最好的时代，对急于求成的人来说，这是一个最坏的时代！

做“更好的公司法务律师”是兰台的发展战略，兰台的合伙人和律师聚集在这个战略之下，才华尽展，专业和专业精神因为这个战略的实施而被看见。

所有的律所在客户面前都会承诺：提供专业、高效的法律服务。这一点兰台有做到的可能性。在今天对优秀的法律人才抢夺激烈的背景下，缩短与世界上最优秀律所的差距，兰台有能够做到的可能性。

兰台的一体化机制为我们缩短与世界上最优秀律所的差距提供了可能，为能够给客户提供专业、高效的法律服务提供了可能性。专业、高效的法律服务不是一个口号，其背后的逻辑是专业的人做专业的事。专业的人做专业的事，这句话的背后，应该也必然有其组织和制度的架构支撑。

我们深知这个行业需要时间的积淀，用时间积淀专业，积淀口碑，积淀一个律所品牌应该赋予的一切。时间这个维度是没有办法跨越的，尤其是在人才的培养上。但是，兰台的一体化机制为缩短这个积淀的时间提供了可能性。

当我们改变不了别人的时候，唯有改变自己、强健自己。

让所有的兰台人在一起，为可能性，为有希望而奋斗！

台高廿年上，幽兰岂独香。20年是舞台亦是足迹，呈此书，飨读者以可见之兰台。

真诚又坚定[①]

——对兰台机制的忆与思

2002年5月20日，几个不安分、不惜力、真诚又坚定的年轻人创办了兰台律师事务所，这些年轻人的性格、境遇、梦想同步写进了兰台基因，写进了兰台机制。

兰台创办的同时期，法律服务市场上已有很多成功的资深律师，也不乏成功的领军律所。兰台创立伊始就面临终极考问：是乘船还是造船？如果是造船，造什么样的船？当兰台制度初设时，杨光主任是大家的主心骨，在物质层面和理论层面给出了超越他年龄的保障和智慧。几个三十岁刚冒头的年轻人，没有任何积蓄，有的只是梦想，没有任何经验，有的只是真诚。杨光主任独自承担了全部购房压力，将房屋无偿提供给兰台作为办公场所，并带领大家研读《百年基业》，让梦想照进现实。创办人聚集兰台之前，在各自的工作领域里都是业务骨干，生活都有基本保障，创办兰台不是简单的择业或物质化，创办人的愿望更为纯粹和真诚，兰台是兰台律师的成长平台。兰台机制会在代际传承时得到最大的彰显，而不是随着创办人的进退而裂变和弱化；创办人不是传

① 本文作者为兰台律师事务所创始合伙人、党委书记姚晓敏。

统制度下的撞钟和尚，而是创新机制的自鸣钟设计师。

即便真诚、勤奋、有担当，创业的历程也并不都是欢喜和坦途。从早期对先进绩点制的模仿，到向现实加盟制的妥协，再到笃定地践行一体化机制，兰台从青涩到持重、从个体到群体，兰台机制的力量是在尝试中进化的、在祝福中成长的。所有的创新和尝试都是对现状的破坏，能够走得通顺的首先是对自我的改革。在一次次变革尝试中，兰台人付出的不只是收益成本，还有不离不弃的家园情感。有意见、有分歧，在律所管理过程中是再正常不过的事情了，在涉及作业资源配置这个律师行业的高敏话题时，是用脚投票还是共同尝试，兰台创始人没有计算自己的利益，而是放下自己的舒适，选择了让渡调配权、集约化配置的主管律师模式，弱化合伙人之间的差异，支持新生合伙人的成长，舍小我求大我。这中间有太多的不理解和不接受，也有太多的磨砺和彷徨。特别值得庆幸和欣喜的是，大多数兰台人选择了不离不弃、共建共享，勇敢地思考、勇敢地实践、勇敢地精进，经过20年的不懈努力和团结奋斗，兰台机制的力量被真切地感知。

兰台一体化机制的运行，是对兰台品质的培育，是对兰台律师的雕琢，是对兰台基因的传承。每一个和兰台打过交道的人，都能自然而然地聚焦于业务本身，而不是其他；每一位兰台律师在兰台职级制度的引领下，都能自觉地对标、自发地成长，一年一个台阶、一步一个脚印，坚定又有力；每一位合伙人都能以最大的善意对待同仁，分享经验、分享业绩、分享作业，特别是以杨强为主任的兰台管委会7名成员——杨强、杨光、董春江、高树林、程阳、王丽、王清，他们不遗余力地建设兰台、宣传兰台、管理兰台、发展兰台，他们的名字应当被记住，他们的作为应当被尊重。

对兰台20年的忆和思，让我更加坚信兰台机制的力量。兰台律师整体的学术背景扎实、执业经验丰富，对法律本意、司法精神、核心价值、交易逻辑、法律技术等道与术的综合运用能力得到了业界的普遍认可，对某些专业领域、专业问题已有前瞻性的研判。兰台队伍整体的稳定性、持续性在长周期、复合型业务的承办中起到了保驾护航的作用。面对法律人才已经充分市场化的客观现实，兰台以人为本的理念和将同事视为家人的珍爱让每一位律师都能安心工作、用心成长，让每一位律师因兰台而具备独特的气质，让每一位律师因质效评价而具备市场意识和人才竞争力，快速从作业律师转入合伙人的成长轨道。

兰台真正的力量和未来，就是兰台机制。在统一作业资源的专业化、集约化机制下，兰台会有一批批优秀律师成才，会有一批批优秀文案呈现，会有一批批经典案例涌现，生生不息，源远流长。

永远在路上[①]

正值兰台成立20周年之际，《机制的力量：律师事务所管理模式与实践》一书出版发行。这本书于兰台而言，是对过去20年自身走过的发展之路的总结与回顾，于行业而言则是对律所内部运行机制的不断探索和思考。

我是2018年夏天加盟兰台的，2020年随着律所不断发展壮大，兰台成立了管委会，我忝列其中。这使得我有机会换一个视角，从原来在宏观上进行行业管理的角度，转换为在微观上对律所的内部运行机制进行思考和实践。

无论是经济学还是管理学上都有一个很重要的研究领域，就是一个组织如何提高效率，而研究效率问题最终的落脚点都是分工与合作，即如何在分工的基础上更好地合作。就律所专业服务的特点而言，解决分工与合作的问题，在某种意义上，就是协调眼前利益和长远利益之间的矛盾。说起来容易，解决起来却异常艰难，这是由于人性容易沉溺于即时满足的弱点以及律师行业管理资源缺乏。纵观兰台的20年，甚至不限于兰台，其他成功律所

---

① 本文作者为兰台律师事务所高级合伙人、管委会委员、新能源法律事务团队牵头合伙人董春江。

的发展历程，在很大程度上都是在不断优化分工与合作。《机制的力量：律师事务所管理模式与实践》源于我们多年的思考和实践，也许能为这个问题的解决贡献一份探索、贡献一份智慧。

对于兰台名字的来历，创始合伙人常常用“二人同心，其利断金”“四方而高谓之台”来注释。而我常常联想到一句古诗：兰之猗猗，扬扬其香。讲的是兰花盛开时自远处就能闻到它的幽幽清香，这在某种程度上似乎又很契合兰台一向低调而不断精进的品格。

20年栉风沐雨，筚路蓝缕。发展和管理是律所永恒的主题，相信兰台会继续探索前行，永远走在追求更加芬芳的路上！

你是谁，就会遇见谁[①]

从20年前创立明弘，到加入锦天城，再到遇见兰台，其实我一直在探索什么样的律师是真正的合伙人，什么样的律所是有未来的律所。

曾几何时，作为江苏明弘律师事务所的创始合伙人，明弘是我的全部，我把自己所有的资源、精力、学识、情感毫无保留地投入明弘的发展和扩展中。在经历了莫名的离场和索然的孤寂后，我坚持探寻规模所的足迹，各种冷暖并没有让我放弃继续探寻的热情。

遇见兰台，缘于兰台人阐述的兰台梦：成就客户的成功，为客户带来兰台的专业价值；成就每一个兰台律师的律师梦，使每一位兰台律师成为一名专业卓著、受人尊重的律师。这就是我日思夜想、梦寐以求的一群人、一家所。我，还是我。有幸，遇见兰台。

兰台创始合伙人二十年如一日对律师行业真挚的信念和对律师市场远景的判断，创造了独属于兰台的文化基因——尊重、协

① 本文作者为兰台律师事务所高级合伙人、管委会委员、南京分所主任高树林。

作、分享。

时至今日，环顾我们身边并肩作战的每一个人，其实都是我们前半生不知不觉埋下的种子，都是那个对的人，都是最初遇见的那个人。

律所之间的竞争，本质上是合伙人之间的竞争、合伙人如何协作的运行机制之间的竞争、作业律师发展路径与方式之间的竞争、作业质效之间的竞争以及与运行机制相匹配的管理的落地能力之间的竞争，但最终归结为一点，还是专业能力的竞争。

20年来，兰台并不是漫无目的地随意前行，而是不断地调整、不断地尝试，坚持一体化，践行专业化。志同道合的合伙人带领一批相信兰台机制的年轻人扎扎实实地积累，打磨出了13支专业分工的律师团队，锻造了兰台的核心竞争力。兰台“统一收入、统一支出、统一收益率、统一配置作业资源”的“四个统一”运营模式，是律所生产方式的一种最新表达，这种生产方式最大限度地解决了律所生产力的问题。

经过20年的发展，兰台一体化机制已经搭建完成并付诸实践，在市场上的口碑以及品牌能力日益凸显，有能力、有方法、有措施将兰台一体化的运营模式全方位输出，以促进律所在竞争日益激烈的法律市场上脱颖而出，并使得律所具有持续发展的潜力。

2019年5月，我正式加入兰台，牵头设立南京办公室。2020年9月，我加入兰台管委会，负责兰台分所发展与管理工作，提出兰台“有品质的规模化”的构想及兰台未来十年规划，获得合伙人大会通过，并将北京办公室、南京办公室作为一体化的示范，不断打磨协作、协同下的专业化、一体化，打造市场品质的标杆，为设立各地办公室打造说服力，以此为依托，为兰台在全国乃至更广大范围的规模化，提供一体化的专业支撑。

以南京办公室的设立为标志，兰台加快了规模化的步伐。继深圳、合肥、长沙、成都办公室后，2020年郑州、海口办公室成立，2021年杭州、上海、天津办公室相继开业，青岛、西宁办公室签约筹备，2022年年初济南、南宁办公室获批，重庆办公室签约筹备。

提出有品质的规模化，源于兰台20年的发展，机制、品牌、知识积累、人才建设等已经做好了准备，一切刚刚好！

好的运行机制。以兰台一体化为核心和基础，以团队制的灵动为补充和配合，实现有品质的规模化，并轨前行，如虎添翼。

好的执业环境。随着司法改革和清理整顿工作的开展，律师从被当事人关注人脉关系到向案件事实的转移，再到对专业能力的关注，执业环境不断向好。

好的团队同事。经过20年的洗礼，兰台探索出集约高效的生产方式，兰台的年轻人勤奋好学、精力充沛，发挥了比较优势；兰台的合伙人通力协作、顽强勇敢，发挥了模范作用。兰台人互敬互重、互帮互助，规模不断壮大。

好的战略引领。兰台律师服从大局，为国家的法治建设贡献专业力量，管委会尽职尽责、求真务实，从职责化提升到职能化，引领全体成员奋力进行。

好的行业声誉。兰台一路走来被看见，成为全国优秀律师事务所、全国优秀律师党组织，并不断获得业界和市场的认可，兰台收获成长和成就，有品质的规模化水到渠成。

独行快，众行远。

途中会有许多人，会有无数次的擦肩而过，也会有若干次的回眸，但终究——

你是谁，就会遇见谁。

都说没有追求的人生是不完整的，年过半百的老年人（王清律师定义），归来还是少年？

苏轼晚年有诗名为《庐山烟雨》：“庐山烟雨浙江潮，未至千般恨不消。到得还来别无事，庐山烟雨浙江潮。”应该是悟透了“见山还是山，见水还是水”的意境。

从初心出发，向未来力行。

20岁的兰台，不忘初心。

专业与协作之美①

2015年11月的冬天，加入兰台。

初来乍到，第一次走进杨光主任办公室，案几上的卷宗整齐地排列，听主任介绍兰台一体化机制，专业与分工，专业与协作。在接下来的时光里，结识杨强主任、姚律师，他们对专业的坚持、对协作的执着感染着身边的每一个人；结识了如程阳、王清、尚娟、田韶卿等一批在各个专业领域都非常优秀的合伙人。

逐步了解到，在兰台，每个合伙人都有自己的专业领域，都有自己的标签，同时又彼此认同彼此协作。“以同事为第一客户”的理念在这里深入人心，刻在骨子里。大家既有自己的专业，又彼此紧密协作，每个人背后都有兰台人彼此的支撑，于是可以心无旁骛，一往无前。我想这该是每个律师梦开始的地方，也是一支值得追随的队伍。兰台一体化为每一位合伙人赋能。

2018年1月，组建婚姻家事与财富传承团队。

随着高净值客户群体财富传承需求的日益凸显，兰台的一体化机制运作优势迅速捕捉此领域的大量法律服务需求，组建婚姻

① 本文作者为兰台律师事务所高级合伙人、管委会委员、婚姻家事与财富传承团队牵头合伙人王丽。

家事与财富传承团队，这是一体化机制为团队赋能的一个缩影。兰台的13个专业团队组成了兰台的脊梁，既攻于专业，又彼此协作，共同践行兰台文化，实现一体化客户资源的共享，良性滚动，成为有专业、有标准、有成长、有温度的团队，与兰台共生共荣。兰台一体化为每一个团队赋能。

2020年9月，进入管委会。

杨光主任的高屋建瓴，杨强主任的执着笃定，董老师的沉着睿智，高主任的万丈豪情，程阳律师的专业思辨，王清律师的精准表达，无不时刻感染激励着我。在这里，我们与自己、与团队、与作业律师、与合伙人在一起，彼此扶持，彼此成就，共同组成了兰台的现在和未来。兰台一体化为每一位律师赋能。

2022年的今天，阳光明媚，未来可期。

一路前行，感谢遇见兰台，感谢在兰台的每一次遇见。在兰台，你可以做A角，亦可以做B角；可以做红花，亦可以做绿叶；可以做众星，亦可以做明月。因为你我在，即兰台。

期待我们一起在兰台，眼有星辰大海，胸有丘壑万千，心中繁花似锦！

值《机制的力量：律师事务所管理模式与实践》付梓之际，谨以此文献给兰台20周年。生日快乐！

在一体化机制下的“肆意成长”[①]

10年前，我应该想不到10年后的“我”在兰台能有如此多的“头衔”。我用“头衔”串起自己在兰台10年的成长，也从亲历者的视角解读和诠释我对兰台一体化的理解。这些“头衔”是我个体成长的“标记”，是一体化组织赋予我的“力量”，也是兰台机制每一个制度“活的标本”，或者能让读者更具象化地理解兰台机制是以人为出发点的一体化。

（一）只要你愿意，兰台给你舞台——兰台作业律师

2012年9月，我入职兰台房产团队，那时的我还是一名普通的作业律师。至今也不能确定是否自己的勤奋打动了杨强主任，2013年7月，经过一次简短却印象深刻的沟通后，我从房产团队调到劳动团队，开启了自己“全新”的专业化之路。“全新”不只是因为业务领域于我而言是全新的，更是因为我们想践行另外一种律师和团队的成长路径。所以，工作之余，以写公众号文章、写书为呈现方式的知识管理体系，以打造兰台劳动团队影响力为

---

① 本文作者为兰台律师事务所高级合伙人、管委会委员、人力资源与劳动法律团队牵头合伙人、郑州分所主任程阳。

主线的组织成长模式开启了。时间是最好的见证，不知不觉中我从作业律师成长为主管律师再到薪酬合伙人，劳动团队也从几个人壮大到了20多个人。

兰台对于作业律师正是通过这样清晰的职业晋升路径让大家在“按部就班”中完成一次次蜕变；作为主管律师，因为要协调不同合伙人的业务，提前感受市场压力，在不知不觉中完成了市场化转变。我用自己的亲身经历感受到兰台一直以来致力于为作业律师提供舞台，在彼此成就中见证成长。

（二）只要你做到，兰台兑现承诺——兰台劳动团队牵头合伙人

2016年12月，成为薪资合伙人刚半年，我便申请转权益合伙人，但还没来得及上合伙人会议，就被两个主任“无情”驳回了。至今还记得杨光主任说：“是不是觉得委屈了？”尽管当时不解，但他还是说服了我。他让我想清楚一个问题：如果转为权益合伙人，其他合伙人为什么要与你合作？这就是兰台的合作机制，让合伙人可以选择与合伙人合作，也可以只与作业团队合作。这样的合作机制，对每个合伙人而言，是否有核心竞争能力在兰台内部有着清晰的界定标准，对于作业律师而言，不同合伙人的作业机会滋养着你的成长。

在拆解问题的过程中，2018年1月，我晋升为权益合伙人，成为兰台最快从薪资合伙人转为权益合伙人的律师。同时，作为劳动团队牵头合伙人，引领团队向更远的未来前行，而兰台二次

分配指标指引着我在合伙人这条路上越走越宽。

（三）只要你敢闯，兰台搭建平台——兰台郑州分所主任

2020年，兰台正式提出有品质规模化的发展之路，其中一站布局中原。在兰台积累了专业实力，历练了团队管理能力，我换了一个“检测厂”。能做好专业、管理好专业团队的我，能否经得住另外的考验？而这个考验还有一个前提——需要继续做好专业，管理好团队。两年时间，我还算经住了考验。能经住这样的考验是因为兰台这棵“大树”，专业化的积累与输出机制，后台职能化的管理体系，让分所的搭建不是从零开始，而是一开始就是高起点。

兰台一体两翼三角形的模型，总所分所“双向”一体化的机制，让兰台在协作文化的滋养下，总所和分所彼此助力，高效互动，发挥着各自优势，百花齐放。我作为兰台成长起来的一分子，在总所和分所的互动中感受着规模化带来的助力。

（四）只要你坚定，兰台实现未来——兰台管委会委员

2020年9月，兰台成立第一届管委会，我有幸成了不拿工资的兰台“打工者”之一，这样的角色让我感到更多的责任和压力，也有机会换一种视角思考问题。

这一年多，我们会因为一个问题争得面红耳赤，会因为观察到市场的变化如履薄冰，会因为一些失误自责反思。这一年多，在每天微信群的讨论中，在每次开会的各抒己见中，在遇到困难

的彼此鼓励中，形成了越来越多的共识，凝聚成一句话：用专业让每个兰台人在市场上获得尊重。为了这样的目标，不论是专业力量的配置智慧，还是数据化管理的进化，都最终以人为出发点和归依。

我们都是务实的“有情怀”的人，因为务实，我们关注当下，关注兰台人每个现实诉求，解决每一个具体问题；因为“情怀”，我们愿意在一次次试错与纠错中，在不断自我否定中解决兰台未来的问题，为律所的发展开创一条不一样的路。

“头衔”在兰台是“责任”。在兰台成立20周年之际，借用高树林主任的一句话，兰台的未来，有你，有我，有我们。

同心如炬，生生不息[①]

——写在兰台成立20年之际

2022年5月，兰台律师事务所成立20年，《机制的力量：律师事务所管理模式与实践》同期付梓。这是兰台“百年基业”愿景的一个深沉脚注，浓缩了兰台的来时之路。

兰台为外界所认知，常与一体化的运营模式相联结。相较于传统合伙制，一体化通常意味着律所在应对客户时综合配置细分专业人员的能力，这对于复合需求客户而言具有重要的现实意义。因此，越来越多的律所倾向于使用“一体化”向客户描述传统合伙制之中偶发的业务合作和协同，并以此获得客户更为积极的期待。这样的场景，使得“一体化”变得似乎立等可取、随取随用。但从兰台的实践中可以深切地感知，要做到“统一收入、统一支出、统一收益率、统一配置作业资源”的四位一体是多么的艰难，这种艰难，在某些时刻甚至带有西西弗式的悲剧色彩，是几乎无法再次重复的实践。

所以，即便到了今天，兰台的一体化，正如杨强主任所说，仍然是一个过程，这个过程，需要一体化的内涵认知透彻清晰，

---

① 本文作者为兰台律师事务所高级合伙人、管委会委员王清。

行为修正持续进化，兼容能力有序迭代，才能坚守初心又日胜一日。

这是一个绝不会轻松的过程，但，值得。

从2011年7月硕士毕业加入兰台至今，兰台在律师职业道路的每个刻度上都深刻地构造了我，而今天的我也终于成为可以参与构造兰台的人。11年的兰台时光，一体化几乎成为我思维上的肌肉记忆。在我看来，仅以“一种统一的利益分配机制”来概括一体化的本质未免过于单薄且失之偏颇，它不足以描述兰台在实践一体化道路上的探索、倾注和试错。一体化应当是一种经过慎重选择并长期坚持才能实现的价值观。这种坚持，甚至还包含着阶段性的妥协。但正如任正非所说，妥协是对坚定不移方向的坚持，是非常务实、通权达变的丛林智慧。

选择容易，坚持很难。因为时间的分配本质是一种零和游戏，智力服务机构的本能是将其投入尽快实现利益的部分，但一体化下的兰台对于群体常识的形成有着异乎寻常的专注和耐心。在行业和市场都日益变幻甚至焦躁的时刻，兰台用了更多的时间去塑造兰台的群体常识，包括对作业律师工作日志、作业标准、绩效考核、薪酬比的认知，对合伙人二次引导、作业资源使用、质效比的认知，对行政支持团队从职责化到职能化的认知。这些群体常识，最终形成独一无二的“以同事为第一客户”“合伙人是第一作业力量”的兰台价值规范。这是一种克服当前的困难情境而力求获得长远利益的克制和理性，它让每一个认真投入其中的人最终获益，并收获彼此之间真诚的善意。

万物已臻极致，世界上的一切事情似乎都可以用更快速的方式解决，但在我看来，兰台在理性和善意之下对于事物本质的坚持，是兰台从“必然王国”走向“自由王国”的唯一路径。在坚持的过程中，兰台成为兰台。这种坚持，是一体化下兰台的核心。

如同博尔赫斯的诗，我给你我设法保全的我自己的核心，不营字造句，不和梦交易，不被时间、欢乐和逆境触动的核心。

20年的兰台可能还没有成功，甚至在未来很长的时间内兰台都不会认为自己成功。但这个核心能够推动兰台一直成长。

从第一天，到每一个明天。

后 记

做一家受人尊重的律所，让每一个律师在市场上有尊严，靠专业赢得尊严，这就是20年来兰台律师事务所孜孜以求的。不论是起步时的合伙人联合体模式（提成制），或是其后尝试的绩点制，还是现在的一体化机制，这个目标从未变过。

在国内传统律师管理机制下，律师基本都是通过自我管理或团队的自发管理发展的，律所作为一个机构“管理”律师面临着天然的困难。律师自带“生产工具”、来去自由等特点都决定了管理律师的难度，更何况知识密集型人才管理本来就是管理中的难题。如此，律师作为个体职业色彩相对浓厚的职业，在管理上更是难上加难。我们想讨论和回答的问题是，律师这样一个高度个性化的职业能否通过组织的力量让每个个体更加专业、强大和可持续。

正因律师管理的难，目前中国律师市场上以传统合伙人联合体（提成制）律所为主，律师的管理主要靠自我管理完成，少数律所实行绩点制，由律所对合伙人进行评价，但实行绩点制而发展成规模化的律所凤毛麟角。

兰台律师事务所成立20年来，经历了合伙人联合体（提成制）、绩点制，正在坚持的是一体化机制。兰台逐步摸索出了一套适合中国当下客户需求、律师文化的管理机制。曾经有一段时间，我们在一体化运行过程中遇到很多问题，大家觉得很难，甚至一度把遇到的这些难简单归结为一体化的难，一体化机制下不可解决的难。

为此，我们不断讨论，不断进行各种各样的培训，通过每周的晨会、每月的主管律师座谈会、牵头合伙人论坛、服务质量提升委员会等方式尝试解决兰台一体化中最突出的问题倾向，就是作业律师推活、作业质效不高的大锅饭风气。上述所有措施收效都不高。该勤奋的，照样勤奋；该偷懒的，照样偷懒。我们观察发现，一个团队中只要有一个人偷懒，如果绩效考评不能予以纠正，则其负面效应，就会像病毒一样，迅速蔓延传播。这种倾向使那些优秀的、市场能力强的合伙人越来越不满意，产生了劣币驱逐良币的效应。

难道真的是一体化机制的问题？为此，兰台管委会反复思考，什么样的机制能够校正律师的思维以及行为方式？一体化机制能不能坚持下去？

在不断讨论与行动中，我们达成共识。要达成共识，我们就必须先回答一个问题：一体化是不是一种趋势，一种面向客户、面向未来的趋势？如果我们认定了这个行业会越来越融合、越来越注重分工与协作，那么，一体化的路径就是正确的，就需要克服过程中的困难，解决过程中的问题，坚定地往前走。在这样一个共识的基础上，我们就必须解决一体化机制中，因为作业资源的一体化配置而需要避免的作业过程中配置作业资源不合理、作业质效不高、绩效考评不落实不落地、律师推活的问题。

发现问题是一个前提，如何解决问题才是关键。解决问题的路径有很多，切实有效地解决问题并做到“不打扰、不伤害、不功利”，才能真正体现出管理智慧。

终于，在兰台成立20周年之际，我们寻找到了解决这一问题的钥匙，这就是以工作小时数记录为基础，以360考评为重要参考，衡量作业律师薪酬与作业创收之比，以及与此相配套的合伙人年度使用作业成本与创收之比、单个项目作业成本与收入之比等系列数据。

指标牵引的作用是显而易见的。它使我们在模糊中看到清晰的作业量从而避免出工不出力，使作业质效不高者出局；在浑然一体中看到律师个体的价值从而避免绩效考核失真，使奖勤罚懒通过数据显现；在分工中激发协作的力量从而避免融合的反向作用力，体味到只要相互协作才能真正提高产出效率。

不断地试错，不断地自我否定，使我们在解决一个个具体问题的过程中认清了律所管理的奥秘。当然，这里需要说明的是，我们对作业律师的管理、合伙人年度使用作业成本与创收之比、单个项目作业成本与收入之比的管理，是建立在“以人为本”的基础之上的。兰台构建了作业律师成长为合伙人的阶梯之路；通过合伙人二次引导，让合伙人不断地向上、向强。我们时刻提醒自己不能因为解决问题而忘记了最基本的底色，我们与人为善的管理理念不曾改变。

图书在版编目（CIP）数据

机制的力量：律师事务所管理模式与实践 / 杨强著
. —北京：中国法制出版社，2022.5（2023.6 重印）
ISBN 978-7-5216-2601-8

Ⅰ. ①机… Ⅱ. ①杨… Ⅲ. ①律师事务所—管理模式
Ⅳ. ① D916.5

中国版本图书馆 CIP 数据核字（2022）第 047991 号

策划编辑：赵宏
责任编辑：王悦　　封面设计：汪要军

机制的力量：律师事务所管理模式与实践
JIZHI DE LILIANG：LÜSHI SHIWUSUO GUANLI MOSHI YU SHIJIAN

著者 / 杨强
经销 / 新华书店
印刷 / 北京虎彩文化传播有限公司
开本 / 880 毫米 ×1230 毫米　32 开　　印张 / 8　字数 / 160 千
版次 / 2022 年 5 月第 1 版　　2023 年 6 月第 4 次印刷

中国法制出版社出版
书号 ISBN 978-7-5216-2601-8　　定价：49.80 元

北京市西城区西便门西里甲 16 号西便门办公区
邮政编码：100053　　传真：010-63141600
网址：http://www.zgfzs.com　　编辑部电话：010-63141831
市场营销部电话：010-63141612　　印务部电话：010-63141606
（如有印装质量问题，请与本社印务部联系。）